20 MODELOS DE PIPELINES PYTHON & SQL

Aplicações Técnicas em ETL, Automação e Análise de Dados

Diego Rodrigues

20 MODELOS DE PIPELINES Python & SQL
Aplicações Técnicas em ETL, Automação e Análise de Dados

Edição 2025
Autor: Diego Rodrigues
studiod21portoalegre@gmail.com

Nota Importante

Os pipelines, códigos e scripts apresentados neste livro têm como finalidade principal demonstrar, de forma objetiva e aplicada, a construção de fluxos técnicos que refletem padrões amplamente utilizados na engenharia de dados contemporânea. Foram elaborados com rigor técnico, mas operam como modelos de referência, não como soluções universais. Cada pipeline representa um ponto de partida sólido, estruturado para facilitar o aprendizado, a replicação e a adaptação a diferentes contextos profissionais.

Todos os exemplos foram testados em ambientes controlados, mas podem requerer modificações conforme o sistema operacional, versão de bibliotecas, infraestrutura de dados e requisitos específicos de cada projeto. Cabe ao leitor realizar as adaptações necessárias para garantir compatibilidade com seu ambiente de execução e integridade nas operações realizadas.

Este livro não tem como objetivo impor uma arquitetura definitiva, mas sim apresentar modelos validados que reforcem a autonomia do leitor na construção de seus próprios pipelines. Cada capítulo oferece um bloco funcional completo, pronto para ser integrado, expandido ou refatorado conforme o cenário de aplicação.

A proposta editorial é entregar estrutura e clareza, ao mesmo tempo em que se promove o pensamento crítico, a engenharia criativa e o domínio estratégico dos fluxos de dados. Estimulamos a personalização dos modelos, a reescrita das etapas e a criação de soluções autorais a partir da base técnica apresentada.

O verdadeiro domínio da engenharia de dados não está apenas na execução correta dos pipelines, mas na capacidade de projetar, integrar e evoluir fluxos com visão sistêmica e responsabilidade técnica. Esta obra é uma plataforma de construção. Quem a utiliza com profundidade, transforma conhecimento em impacto.

Agradecemos pela confiança, pelo tempo dedicado e pelo compromisso com o conhecimento aplicado. Desejamos que este conteúdo contribua significativamente para a construção da sua autoridade técnica, da sua autonomia profissional e da sua jornada como engenheiro de dados.

ÍNDICE

Página do título

Saudações   1

Sobre o autor   4

APRESENTAÇÃO DO LIVRO   6

Capítulo 1. Fundamentos de Pipelines em Dados   11

Capítulo 2. Papel do Python e SQL em Fluxos de Dados 17

Capítulo 3. Estrutura Técnica de um Pipeline Profissional 24

Capítulo 4. Pipeline 01 – Ingestão de CSV com Validação 34
para SQL

Capítulo 5. Pipeline 02 – Extração via API REST e 42
Armazenamento Parquet

Capítulo 6. Pipeline 03 – Transformação com Pandas e 51
Envio ao Data Lake

Capítulo 7.Pipeline 04 – Coleta de Logs e Armazenamento 59
Estruturado

Capítulo 8.Pipeline 05 – ETL Geoespacial (GeoJSON → 66
PostGIS)

Capítulo 9. Pipeline 06 – Agendamento com Airflow e 73
Execução SQL

Capítulo 10. Pipeline 07 – Enriquecimento com Dados 80
Públicos

Capítulo 11. Pipeline 08 – Normalização de Schemas para 87

Snowflake

Capítulo 12. Pipeline 09 – Streaming com Kafka e Escrita SQL   96

Capítulo 13. Pipeline 10 – Validação e Qualidade de Dados   103

Capítulo 14. Pipeline 11 – Geração Automática de Relatórios SQL   110

Capítulo 15. Pipeline 12 – Web Scraping com Scrapy + Carga SQL   118

Capítulo 16. Pipeline 13 – Integração com Google Sheets   125

Capítulo 17. Pipeline 14 – Detecção de Anomalias com SciPy   131

Capítulo 18. Pipeline 15 – Classificação de Texto e Persistência   138

Capítulo 19. Pipeline 16 – Trigger SQL com Execução Python   145

Capítulo 20. Pipeline 17 – Envio de Dados para Power BI   152

Capítulo 21. Pipeline 18 – Atualização Incremental em SQL   158

Capítulo 22. Pipeline 19 – Agregações Diárias com Exportação   166

Capítulo 23. Pipeline 20 – Orquestração Multi-Pipeline com Prefect   172

Capítulo 24. Consolidação Técnica e Direcionamento Profissional   179

Conclusão final   187

SAUDAÇÕES

Se você chegou até este livro, é porque reconhece que dominar pipelines não é apenas uma questão de executar scripts. É uma questão de projetar fluxos, entender sistemas, alinhar ferramentas, aplicar engenharia. E isso exige muito mais do que aprender comandos — exige compreender profundamente como os dados se movem, se transformam, se organizam e se tornam acionáveis.

Este livro é para quem já entendeu que a engenharia de dados não começa no banco e não termina no dashboard. Ela começa na concepção dos fluxos. Começa na escolha certa da entrada, na organização lógica do processamento, na persistência correta e no acionamento automatizado. Ela começa onde muitos param: na estrutura.

Este livro é para quem quer parar de depender de soluções prontas e começar a construir sistemas reais, modulares, auditáveis e escaláveis. Para quem está cansado de tutoriais superficiais e precisa de material técnico direto, validado, reproduzível e aplicável agora — em ambientes profissionais, com demandas reais, e não em simulações genéricas sem aderência prática.

Aqui não tratamos engenharia como abstração. Cada capítulo que você vai ler entrega uma construção concreta, com começo, meio e fim. E mais do que isso: entrega um modelo técnico que pode ser estudado, reproduzido, ampliado, integrado. Você não vai apenas aprender comandos — vai aprender a pensar em termos de fluxo. Vai internalizar a lógica dos pipelines, entender as responsabilidades de cada etapa e, principalmente, aprender a construir com propósito.

Este livro foi escrito para engenheiros de dados, analistas avançados, arquitetos técnicos e profissionais que atuam com automação, integração e entrega de dados. Ele também serve como manual de referência para profissionais de BI, desenvolvedores e gestores técnicos que precisam compreender como fluxos são construídos com clareza, precisão e rastreabilidade.

O que você vai encontrar aqui não é teoria aplicada a exemplo. É engenharia aplicada a contexto real. É uma seleção de vinte modelos que representam padrões recorrentes em sistemas de dados modernos. São pipelines que resolvem problemas concretos: ingestão, transformação, enriquecimento, persistência, entrega, orquestração e automação.

O seu tempo é valioso. Este livro respeita isso. Por isso, cada capítulo entrega código funcional, arquitetura modular, explicação técnica e instrução orientada a uso. Você vai ler uma estrutura que pode ser aplicada hoje — não uma ideia de solução, mas uma solução pronta para ser adaptada.

O conteúdo foi escrito com responsabilidade. Sem atalhos, sem promessas genéricas, sem abstrações vazias. O foco aqui é a aplicação, a clareza e a profundidade. Isso significa que você não vai encontrar nada que possa ser descartado ou ignorado. Tudo aqui é base de construção.

Engenharia exige padrão. Este livro segue o Protocolo TECHWRITE 2.2-P, criado especialmente para documentação de pipelines com estrutura profissional. Isso significa capítulos consistentes, linguagem direta, tópicos fixos, e foco absoluto em função e reusabilidade. Você não vai se perder entre blocos. Vai encontrar uma linha lógica clara e progressiva em cada modelo apresentado.

Se você quer entender como os dados entram, se transformam, ganham valor e são entregues com rastreabilidade, este livro é seu aliado. Se você quer dominar a arquitetura de pipelines com clareza, este livro é seu ambiente de treino. Se você quer projetar com segurança, executar com confiança e entregar com impacto, este livro foi feito para isso.

Seja bem-vindo à engenharia real dos dados. Aqui começa a estrutura que transforma código em sistema.

SOBRE O AUTOR

Diego Rodrigues
Autor Técnico e Pesquisador Independente
ORCID: https://orcid.org/0009-0006-2178-634X
StudioD21 Smart Tech Content & Intell Systems
E-mail: studiod21portoalegre@gmail.com
LinkedIn: linkedin.com/in/diegoxpertai

Autor técnico internacional (*tech writer*) com foco em produção estruturada de conhecimento aplicado. É fundador da StudioD21 Smart Tech Content & Intell Systems, onde lidera a criação de frameworks inteligentes e a publicação de livros técnicos didáticos e com suporte por inteligência artificial, como as séries Kali Linux Extreme, SMARTBOOKS D21, entre outras.

Detentor de 42 certificações internacionais emitidas por instituições como IBM, Google, Microsoft, AWS, Cisco, META, Ec-Council, Palo Alto e Universidade de Boston, atua nos campos de Inteligência Artificial, Machine Learning, Ciência de Dados, Big Data, Blockchain, Tecnologias de Conectividade, Ethical Hacking e Threat Intelligence.

Desde 2003, desenvolveu mais de 200 projetos técnicos para marcas no Brasil, EUA e México. Em 2024, consolidou-se como um dos maiores autores de livros técnicos da nova geração, com mais de 180 títulos publicados em seis idiomas. Seu trabalho tem como base o protocolo próprio de escrita técnica aplicada TECHWRITE 2.2, voltado à escalabilidade, precisão conceitual e aplicabilidade prática em ambientes profissionais.

APRESENTAÇÃO DO LIVRO

Este livro reúne vinte pipelines operacionais, cada um construído com precisão técnica, lógica modular e aplicabilidade real. Cada capítulo apresenta um modelo validado, testado, comentado e estruturado com padrão profissional, pronto para ser compreendido, adaptado e utilizado em ambientes de produção. Trata-se de uma obra construída com base em engenharia real — não em experimentação acadêmica, mas em execução sistemática de fluxos de dados.

O livro foi projetado como um manual de construção e operação de pipelines de dados com Python e SQL. Mas mais do que código, entrega arquitetura. E mais do que comandos, entrega sistema. Aqui você encontrará, em cada capítulo, um pipeline com todos os seus elementos principais: entrada, transformação, validação, persistência, entrega e automação.

A estrutura segue rigorosamente o **Protocolo TECHWRITE 2.2-P**, que define um modelo fixo de capítulo com os seguintes tópicos:

- Objetivo do Pipeline

- Etapa 1: Entrada de Dados

- Etapa 2: Processamento e Transformação

- Etapa 3: Persistência ou Entrega

- Etapa 4: Automatização ou Execução Contínua

- Erros Comuns e Soluções

- Boas Práticas Aplicadas

- Expansões Possíveis

- Resumo Estratégico

Cada um desses blocos é obrigatório. Isso garante consistência entre os capítulos, previsibilidade para o leitor, e clareza absoluta sobre o que está sendo apresentado.

A linguagem utilizada é direta, técnica e funcional. Evitamos abstrações genéricas, pseudocódigo ou jargões sem aplicação prática. Cada parágrafo tem função. Cada código tem contexto. Cada estrutura tem justificativa. O objetivo não é ensinar comandos soltos, mas sim formar o raciocínio de quem constrói sistemas.

O conteúdo cobre cinco grandes categorias de pipelines:

1. Ingestão e Integração de Dados

2. Transformação, Enriquecimento e Qualidade

3. Persistência, Exportação e Entrega

4. Streaming, Eventos e Reatividade

5. Orquestração e Arquitetura Operacional

Essa classificação não é apenas didática. Ela reflete padrões recorrentes em ambientes de dados reais. Empresas, produtos e sistemas modernos exigem pipelines operacionais capazes de executar essas funções com estabilidade, auditabilidade e escala.

Cada pipeline é apresentado como um bloco funcional

independente, com código real, lógica modular e aplicação objetiva. Eles podem ser usados separadamente ou integrados entre si. A obra foi construída para funcionar como **kit de blocos estruturais**, permitindo que o leitor monte seus próprios sistemas a partir de combinações conscientes.

Todos os pipelines foram testados em ambientes de desenvolvimento controlados. Mas são apresentados com clareza suficiente para que possam ser reproduzidos em outros contextos, adaptados conforme necessidades específicas e utilizados como base para fluxos maiores.

Além do código, cada capítulo inclui explicações técnicas, alertas sobre erros comuns, sugestões de boas práticas e ideias para expansão futura. Isso permite que o leitor compreenda não apenas como executar, mas por que aquela estrutura foi adotada, onde ela pode falhar, como pode ser melhorada e como pode ser estendida.

Este livro não é uma introdução. É um livro de referência. Foi escrito para quem precisa operar, entregar, projetar. Pode ser usado como fonte de consulta, como material de estudo aprofundado ou como manual de construção de projetos.

O profissional que domina esses pipelines não está apenas executando tarefas — está operando com engenharia. Está projetando fluxos que se integram a sistemas maiores, que respondem a requisitos reais e que entregam valor técnico direto.

A escolha por Python e SQL como tecnologias centrais não é casual. Python fornece a flexibilidade e o ecossistema de bibliotecas necessário para construção modular, enquanto SQL continua sendo a base de quase todos os ambientes transacionais e analíticos. Juntas, essas linguagens permitem que os pipelines aqui descritos atuem em múltiplas camadas da arquitetura: ingestão, transformação, persistência, entrega, exportação e automação.

Este livro entrega ao leitor uma estrutura de conhecimento que pode ser aplicada diretamente em:

- Projetos de engenharia de dados em ambiente corporativo

- Automação de rotinas operacionais e analíticas

- Integração entre sistemas heterogêneos

- Implementação de arquitetura em camadas (bronze → silver → gold)

- Orquestração distribuída de pipelines interdependentes

- Monitoramento, logging e controle de qualidade em fluxos de dados

Além disso, os pipelines podem ser usados como base para aplicações mais avançadas, como:

- Estruturação de produtos analíticos para consumo via dashboards

- Construção de sistemas orientados a eventos com reatividade operacional

- Acoplamento com modelos de machine learning para fluxos de classificação e predição

- Implementação de DataOps com versionamento, reprocessamento e controle de estado

Este não é um material sobre como fazer dados entrarem em um banco. É um livro sobre como construir fluxos completos, rastreáveis, auditáveis e integráveis. Fluxos que sustentam sistemas, produtos, decisões e operações.

Ao longo das próximas páginas, você vai encontrar vinte pipelines completos. Cada um deles é uma unidade de engenharia, escrita para funcionar, pronta para operar.

Você não precisa decorar nada. Precisa compreender a lógica, dominar os blocos e aprender a montar estruturas maiores com eles. Este livro entrega isso: blocos para construir engenharia.

E como todo livro técnico sério, ele termina onde começa o seu trabalho. Ao final da leitura, você terá nas mãos um arsenal de modelos — mas o diferencial estará na sua capacidade de combiná-los, adaptá-los e projetar com eles soluções reais.

Isso é engenharia. Isso é estrutura.
E é isso que você vai encontrar a partir do primeiro capítulo.

Vamos construir!

CAPÍTULO 1. FUNDAMENTOS DE PIPELINES EM DADOS

A engenharia de dados contemporânea não existe sem a presença clara, robusta e estratégica dos pipelines. O termo, que muitas vezes é utilizado com banalidade em contextos técnicos superficiais, carrega uma carga estrutural e operacional muito mais profunda do que parece. Compreender o que é um pipeline em sua essência, como ele evoluiu, quais são seus componentes, para que ele serve e quais armadilhas pode esconder, é uma obrigação para qualquer profissional envolvido com fluxos de dados — seja em processos analíticos, preditivos ou operacionais.

Um pipeline de dados é mais do que uma sequência de etapas automatizadas. Ele representa a formalização do fluxo de transformação da informação bruta em valor utilizável. Na prática, significa transformar arquivos, conexões, registros e eventos em dados limpos, organizados e acionáveis. É o elo entre o caos da coleta e a clareza da análise.

O conceito de pipeline ganhou notoriedade em ambientes de desenvolvimento com as famosas CI/CD pipelines no contexto DevOps, mas no universo de dados o termo carrega características específicas: ingestão, transformação, validação, persistência e, em muitos casos, orquestração. Cada uma dessas etapas tem premissas próprias e exige decisões técnicas precisas, além de profundo alinhamento com os objetivos de negócio e com as restrições do ambiente em que se está operando.

Na engenharia de dados, a função do pipeline é garantir

consistência, reprodutibilidade e eficiência em fluxos que, se executados manualmente, seriam frágeis, lentos e sujeitos a erro humano. Ao encapsular regras, controles e padrões, o pipeline torna o processo de manipulação de dados uma engrenagem confiável — e, mais do que isso, escalável.

Ao longo dos últimos anos, a evolução dos pipelines de dados acompanhou as mudanças no próprio ecossistema tecnológico. O que começou com scripts pontuais em Bash ou Python, evoluiu para ferramentas como Apache NiFi, Luigi, Airflow, Prefect, Dagster, entre outras. A expansão do volume de dados, a diversidade de fontes e a necessidade de resposta rápida também transformaram a forma como os pipelines são modelados: passamos de fluxos diários para execuções em minutos ou até mesmo em tempo real.

Esse movimento não foi apenas técnico — ele é também cultural. Empresas que ainda tratam seus dados como ativos manuais, processados sob demanda e sem reprodutibilidade, perdem espaço para aquelas que implementam pipelines robustos, automatizados e integrados à operação. Um pipeline não é mais um diferencial. É um pré-requisito para a sobrevivência técnica de qualquer time de dados.

Existem diversas classificações possíveis para pipelines. Podemos começar pela mais intuitiva: pipelines batch versus pipelines em streaming. O pipeline batch é executado em janelas de tempo delimitadas, como um processo que roda uma vez ao dia, a cada hora ou sob demanda. Ele é ideal para cargas periódicas, atualizações de dados históricos e sincronizações não urgentes. Já o pipeline de streaming processa eventos em tempo real, linha a linha, milissegundo a milissegundo. Ele é mais complexo de orquestrar, mas essencial para casos em que cada segundo conta — como análise de fraudes, processamento de logs ou monitoramento de sensores.

Outra distinção fundamental diz respeito ao grau de acoplamento entre os componentes do pipeline. Existem pipelines monolíticos, em que todo o fluxo está codificado num único arquivo ou script, e pipelines modulares, onde cada etapa é separada logicamente e pode ser testada, executada e reaproveitada de forma independente. Em ambientes produtivos, a modularização é praticamente mandatória: ela reduz riscos, facilita a manutenção e permite reuso estratégico.

Independentemente da arquitetura, todo pipeline deve cumprir três objetivos fundamentais: robustez, rastreabilidade e desempenho. A robustez diz respeito à capacidade do pipeline de lidar com falhas sem comprometer o fluxo. Isso inclui desde tratamento de exceções até mecanismos de retry e fallback. A rastreabilidade implica que cada execução do pipeline deve gerar logs legíveis, identificáveis e auditáveis. Já o desempenho está ligado à eficiência da execução, minimizando uso de recursos e maximizando throughput.

Do ponto de vista estrutural, um pipeline de dados clássico pode ser segmentado em cinco módulos principais: origem, ingestão, transformação, persistência e entrega. A origem representa os dados brutos — arquivos CSV, APIs, bancos de dados externos, sensores, entre outros. A ingestão é o mecanismo que coleta esses dados. A transformação cuida da limpeza, enriquecimento, normalização e validação. A persistência armazena os dados tratados em bancos relacionais, data lakes ou outros destinos. E a entrega pode ser um dashboard, um relatório, uma API ou até outro pipeline.

Muitos pipelines hoje também incorporam elementos de controle e orquestração. A orquestração é responsável por organizar o fluxo de execução dos pipelines ou de suas etapas internas, garantindo que as dependências sejam respeitadas, que os horários de execução sejam mantidos e que falhas sejam notificadas. Ferramentas como Apache Airflow e Prefect se especializaram nesse tipo de gestão. Elas permitem desenhar DAGs (Directed Acyclic Graphs) que representam visualmente o encadeamento de tarefas e facilitam o gerenciamento do processo como um todo.

O controle de versionamento é outro elemento crítico, embora muitas vezes negligenciado. Pipelines bem projetados possuem versionamento explícito tanto do código quanto dos dados. Isso significa que, ao reexecutar um pipeline antigo, é possível garantir que os resultados serão idênticos, desde que os dados e o código utilizados estejam sob controle de versão. Sem isso, qualquer tentativa de auditoria ou explicação posterior pode se tornar impossível.

No mundo real, pipelines raramente operam em ambientes limpos. Falhas de rede, formatos inesperados, APIs fora do ar, permissões alteradas, inconsistências em schemas de banco de dados — tudo isso é parte do cotidiano de quem trabalha com pipelines. Por isso, a capacidade de um pipeline de detectar, isolar e notificar falhas é quase tão importante quanto sua capacidade de processar dados.

A escolha da linguagem e das ferramentas para construção de pipelines deve ser orientada por três critérios principais: domínio da equipe, integração com o ecossistema existente e escalabilidade futura. Python e SQL continuam sendo as linguagens predominantes, por sua simplicidade, expressividade e compatibilidade com as ferramentas mais relevantes do mercado. Python, em especial, se destaca pela quantidade de bibliotecas voltadas à manipulação de dados (como Pandas, NumPy, PyArrow), à conexão com sistemas (como requests, sqlalchemy, boto3), e à integração com frameworks de orquestração (como Airflow e Prefect).

SQL, por outro lado, é a linguagem nativa dos dados estruturados. Ela é indispensável na fase de persistência e consulta, e pode ser usada diretamente como componente de transformação em bancos que suportam SQL avançado. Em muitos casos, pipelines híbridos que combinam lógica em Python com operações em SQL são a escolha mais eficaz, pois aproveitam o melhor dos dois mundos: a flexibilidade do Python com a performance e estrutura do SQL.

Outro ponto vital na construção de pipelines é a idempotência. Um pipeline idempotente pode ser executado múltiplas vezes com os mesmos dados de entrada e sempre produzirá o mesmo resultado de saída, sem duplicações ou distorções. Essa característica é essencial em pipelines que processam grandes volumes de dados ou que precisam ser reiniciados em caso de falha. A ausência de idempotência pode gerar inconsistências silenciosas, difíceis de detectar e potencialmente desastrosas em ambientes produtivos.

Em termos de engenharia de software, pipelines bem estruturados seguem princípios como separação de responsabilidades, logging estruturado, testes automatizados e monitoramento contínuo. Embora muitas vezes sejam tratados como scripts simples, pipelines devem ser encarados como sistemas de missão crítica. Eles movimentam o bem mais estratégico de qualquer organização moderna: os dados.

A complexidade de um pipeline não deve ser confundida com sua sofisticação. Um bom pipeline não é o mais elaborado tecnicamente, mas aquele que entrega valor de forma confiável, rápida e auditável. Em ambientes com alto volume de dados, pipelines eficientes fazem a diferença entre um sistema operacional fluido e um gargalo crônico de performance.

Nos bastidores de toda empresa orientada por dados, existem dezenas, centenas ou milhares de pipelines silenciosos, orquestrando fluxos que vão desde a coleta de informações básicas até o treinamento de modelos de machine learning, passando por validações, integrações e monitoramentos. Eles são invisíveis para a maior parte dos usuários, mas são o motor que garante que as decisões tomadas estejam baseadas em informação sólida.

Ao longo deste livro, cada capítulo apresentará um modelo validado de pipeline, com aplicação real, código funcional e lógica explicada passo a passo. Não se trata de um repositório de scripts, mas de uma engenharia aplicada, construída para ser compreendida, adaptada e utilizada. Cada pipeline foi desenhado para resolver um tipo de problema específico, mas a estrutura modular permite adaptações rápidas para outras necessidades.

A jornada começa com os conceitos, como neste capítulo, e avança progressivamente para implementações. A ideia é oferecer domínio técnico, não apenas execução pontual. Por isso, antes de pensar em ferramentas, o mais importante é consolidar o raciocínio de fluxo, dependência, confiabilidade e escalabilidade.

Ao final de um pipeline bem construído, o que se tem não é apenas um dado limpo ou uma tabela atualizada. O que se tem é previsibilidade. A certeza de que, todos os dias, àquela hora, um processo acontecerá, mesmo que ninguém o veja. Isso é maturidade em engenharia de dados.

Resumo Estratégico

Pipelines de dados são a espinha dorsal da engenharia moderna. Eles encapsulam lógica, reduzem falhas humanas, aumentam a eficiência e garantem rastreabilidade. Saber construí-los é mais do que saber programar: é saber projetar sistemas confiáveis. Dominar esse tema é fundamental para qualquer profissional que trabalhe com dados de forma séria e profissional. Este capítulo é a base conceitual para os 20 modelos práticos que se seguirão.

CAPÍTULO 2. PAPEL DO PYTHON E SQL EM FLUXOS DE DADOS

Na prática da engenharia de dados, entender a função estratégica de cada linguagem é tão importante quanto dominar as ferramentas. Python e SQL não competem. Eles se complementam em quase todos os fluxos modernos. Não há antagonismo técnico entre as duas abordagens — o que existe é uma divisão natural de responsabilidades. Saber como utilizá-las em conjunto, reconhecendo seus pontos fortes e limitações, é o que diferencia o programador de scripts do engenheiro de dados profissional.

Python é uma linguagem de propósito geral, dinâmica, flexível, com uma curva de aprendizado acessível e uma comunidade massiva. Ela permite construir lógica complexa, manipular estruturas de dados, interagir com sistemas externos, executar modelos de machine learning, e muito mais. Já o SQL, Structured Query Language, é uma linguagem declarativa específica para manipulação de dados estruturados. Ele não descreve o como fazer, mas sim o que se deseja obter de um banco de dados. SQL não é procedural. É expressivo. Ele instrui o sistema de gerenciamento de banco de dados a buscar, agrupar, transformar e retornar os dados conforme critérios definidos.

A força do SQL está justamente nessa abstração: ao invés de implementar a lógica linha a linha, o desenvolvedor escreve uma consulta que define o resultado desejado, e o SGBD cuida da execução interna. Isso é especialmente valioso em cenários com grandes volumes de dados, onde operações como joins, group bys, filtros e agregações precisam ser otimizadas para performance.

No fluxo real de um pipeline, Python geralmente aparece nos extremos — na captura e entrega dos dados — enquanto o SQL opera no núcleo do processamento, nas camadas de estruturação e análise intermediárias. Mas essa fronteira está longe de ser fixa. Em muitos pipelines, as linguagens se entrelaçam, intercalando etapas em que ora uma, ora outra assume o protagonismo.

Vamos observar um exemplo simplificado de pipeline para ilustrar essa divisão. Imagine um fluxo diário que coleta dados de uma API de e-commerce, trata os dados, salva em um banco de dados, e depois gera um relatório consolidado para o time de negócios. A sequência pode ocorrer assim:

1. **Captura dos dados via API** – Python é utilizado para autenticar, requisitar os dados e salvar em formato intermediário (JSON, CSV ou direto em memória).

2. **Transformações iniciais** – Python com Pandas é utilizado para filtrar, normalizar colunas, converter tipos, remover nulos.

3. **Carga no banco de dados** – Python envia os dados limpos via sqlalchemy, psycopg2, ou outro conector apropriado.

4. **Consulta e agregações** – SQL entra em cena com queries otimizadas que consolidam os dados por período, categoria, região etc.

5. **Geração de relatório** – Python coleta o resultado das queries e exporta para Excel, PDF, envia por e-mail ou publica em um dashboard.

Esse pipeline envolve, portanto, uma alternância entre Python e SQL em blocos distintos, cada um no seu domínio natural.

Python se destaca quando é necessário lidar com estruturas não tabulares, múltiplos formatos, automação de tarefas e lógica condicional. Por exemplo, se uma API exige autenticação OAuth2, múltiplas chamadas paginadas e reorganização dos dados antes de qualquer análise, o uso de Python é essencial. Nenhuma linguagem declarativa ou SQL engine foi desenhada para lidar com isso de forma nativa.

SQL, por outro lado, reina absoluto quando o objetivo é extrair, transformar e consultar grandes volumes de dados tabulares de maneira performática. A linguagem possui operadores de junção, ordenação, agregação e filtragem que seriam muito mais custosos se reimplementados do zero em Python. Além disso, engines modernas como PostgreSQL, Snowflake, BigQuery e Redshift são otimizadas para executar SQL em paralelo, aproveitando recursos de indexação, cache e distribuição.

O que torna a combinação entre Python e SQL tão poderosa é justamente esse equilíbrio: a flexibilidade programática de um lado e a eficiência declarativa do outro. Pipelines bem projetados distribuem essas responsabilidades de forma inteligente, evitando tanto o overuse de SQL com lógica complexa em stored procedures, quanto o desperdício de recursos com reimplementações em Python do que poderia ser resolvido com uma query simples.

Outro aspecto fundamental dessa parceria é a integração técnica entre as duas linguagens. Hoje existem diversos meios para fazer Python conversar com SQL em pipelines profissionais. Os mais utilizados são:

- **Conectores nativos**: como psycopg2 para PostgreSQL, pyodbc para SQL Server, cx_Oracle para Oracle, e mysql-connector para MySQL. Esses conectores permitem executar comandos SQL diretamente de scripts Python.

- **Engines de abstração**: como SQLAlchemy, que permite escrever SQL em uma sintaxe Pythonizada, criando um mapeamento objeto-relacional (ORM).

- **Frameworks integrados**: como Apache Airflow, que permite escrever DAGs em Python e chamar tarefas SQL isoladas, com controle de dependência e execução paralela.

- **Ferramentas de ETL**: como dbt, que utiliza SQL com controle de versionamento, enquanto o orquestrador (que pode ser escrito em Python) chama os modelos conforme o fluxo necessário.

Essa integração técnica já está resolvida há anos. O desafio agora está na escolha estratégica: o que deve ser resolvido por qual linguagem. Em geral, recomenda-se utilizar SQL para tudo o que envolve:

- Filtros e seleções com cláusulas bem definidas

- Junções entre tabelas

- Agregações, somatórios, médias, counts

- Ordenações, limitações, extração de top N

- Criação de views, tabelas temporárias ou persistentes

E deixar para o Python as partes que exigem:

- Lógica condicional detalhada

- Manipulação de arquivos e diretórios

- Integração com APIs

- Leitura e gravação de múltiplos formatos (JSON, XML, Excel, etc.)

- Aplicação de modelos de ML

- Automatização de tarefas e geração de relatórios

É importante notar que SQL tem avançado com extensões que permitem certa lógica condicional, tratamento de erros e até loops. Mas tentar resolver tudo com SQL é uma armadilha de engenharia. Em pipelines profissionais, legibilidade, manutenibilidade e separação de responsabilidades valem mais do que centralização.

Outro ponto estratégico da combinação entre Python e SQL é o versionamento e a reprodutibilidade dos pipelines. Scripts Python podem ser versionados com facilidade em sistemas como Git, e os comandos SQL podem ser armazenados como arquivos .sql separados ou strings nomeadas dentro dos scripts, garantindo que tanto a lógica do fluxo quanto a consulta estejam rastreáveis. Isso permite, por exemplo, reexecutar um pipeline do passado com exatamente as mesmas configurações, reproduzindo os resultados e garantindo confiabilidade técnica.

A testabilidade é outro benefício direto do uso combinado. Funções Python podem (e devem) ser testadas com unit tests. Já o SQL pode ser validado com testes de schema, contagem de registros, checagem de nulidade, ou mesmo comparações entre resultados esperados e reais. Em pipelines que exigem SLA, esses testes podem ser incorporados como tarefas obrigatórias antes da carga final.

Nos fluxos mais modernos, principalmente em contextos de data lake e arquitetura de dados distribuídos, a separação entre lógica Python e execução SQL se torna ainda mais crítica. Muitas empresas operam com arquitetura em camadas, como:

- Bronze (dados crus)

- Silver (dados tratados)

- Gold (dados prontos para uso)

Cada camada pode ter pipelines distintos, com trechos em Python para ingestão e normalização, e trechos em SQL para transformação e agregação. O dbt, por exemplo, é especializado na transformação SQL entre camadas Silver e Gold, enquanto Python atua nas camadas de extração e envio para sistemas externos.

Mesmo nos cenários de machine learning, o papel do SQL continua relevante. Os dados usados para treinar modelos precisam ser extraídos com critérios claros. Queries SQL bem escritas garantem que os dados de treino sejam representativos, balanceados e contextualizados. Depois, o Python assume a tarefa de treinar o modelo, validar métricas, serializar o artefato e aplicar previsões.

Portanto, não se trata de escolher entre Python ou SQL. Trata-se de orquestrar os dois de forma coordenada. Essa orquestração é a base dos 20 pipelines apresentados neste livro. Em todos os casos, a escolha da linguagem segue a lógica da eficiência: qual linguagem resolve melhor aquele trecho do fluxo, com menor custo de manutenção e maior clareza de engenharia.

Em muitos pipelines avançados, o SQL é até gerado dinamicamente por scripts Python. Isso permite criar consultas parametrizadas, construir lógica condicional de acordo com variáveis externas, e executar diferentes trechos conforme o contexto. É uma abordagem poderosa, mas que exige rigor: queries mal formatadas, injeções perigosas ou concatenação descontrolada podem gerar falhas críticas ou, pior, resultados silenciosamente errados.

Ao final, a grande vantagem competitiva está na fluência técnica. Profissionais que dominam tanto Python quanto SQL conseguem construir, ajustar e manter pipelines complexos com autonomia. Eles não dependem de múltiplos perfis para tarefas simples. Sabem automatizar e também sabem consultar. Sabem preparar e sabem entregar.

Esse domínio técnico integrado não é um luxo. É uma exigência. O mercado espera profissionais capazes de construir fluxos robustos do início ao fim. Isso significa ser capaz de conectar uma API, extrair os dados, limpá-los, salvá-los, consultá-los, analisá-los e entregá-los — tudo com fluidez e clareza.

Resumo Estratégico

Python e SQL não são ferramentas concorrentes, mas sim linguagens complementares que, quando utilizadas com discernimento, formam a base de qualquer pipeline moderno. Python garante automação, flexibilidade e integração. SQL garante performance, legibilidade e estrutura. O verdadeiro conhecimento está em saber exatamente onde uma começa e a outra termina — e em muitos casos, como elas se sobrepõem para entregar valor de forma contínua, previsível e eficiente. O engenheiro de dados do futuro é, inevitavelmente, bilíngue.

CAPÍTULO 3. ESTRUTURA TÉCNICA DE UM PIPELINE PROFISSIONAL

A construção de pipelines robustos exige domínio sobre uma arquitetura lógica bem definida. Não se trata apenas de ligar etapas em sequência, mas de projetar uma estrutura modular, resiliente, rastreável e escalável. Cada pipeline deve ser encarado como um sistema operacional em miniatura, com entrada, processamento, controle de fluxo, armazenamento e entrega.

Ao longo deste capítulo, vamos apresentar os blocos estruturais que compõem um pipeline profissional, detalhar suas funções, interações e critérios técnicos, além de estabelecer as premissas fundamentais que guiarão os modelos a partir do próximo capítulo.

Elementos Estruturantes do Pipeline

Todo pipeline confiável é formado por uma sequência lógica de componentes. A nomenclatura pode variar, mas a estrutura conceitual tende a seguir cinco blocos fundamentais:

- **Ingestão**

- **Transformação**

- **Validação**

- **Persistência**

- **Entrega**

Tal organização permite modularizar o fluxo, isolar responsabilidades e facilitar manutenção. A seguir, exploramos cada um desses blocos com precisão técnica.

Ingestão:

A etapa de ingestão representa o ponto de entrada dos dados no pipeline. Ela pode ocorrer a partir de arquivos locais, chamadas a APIs, conexões com bancos externos, eventos em tempo real ou filas de mensagens.

Um pipeline bem projetado define claramente suas fontes, seu esquema de entrada e suas regras de ingestão. É necessário validar desde o início aspectos como:

- Formato dos arquivos (CSV, JSON, XML, Parquet)

- Volume médio e variação esperada

- Frequência de atualização

- Requisitos de autenticação

- Tolerância a falhas de origem

A ingestão deve prever mecanismos de fallback ou retry para lidar com indisponibilidades temporárias. Pipelines que falham ao primeiro erro de leitura são frágeis por definição.

Transformação;:

A transformação é a etapa mais extensa e crítica do pipeline. É nela que os dados brutos são convertidos em estruturas organizadas, com tipagem correta, sem ruído, prontos para análise ou persistência.

O bloco costuma incluir:

- Normalização de colunas

- Conversão de tipos

- Remoção de nulos

- Deduplicação

- Enriquecimento com regras de negócio

- Correções de inconsistência

Transformações devem ser idempotentes, ou seja, repetir a operação com os mesmos dados deve gerar sempre o mesmo resultado. Além disso, devem ser determinísticas: não podem depender de estados externos que variam entre execuções, salvo se isso for controlado.

Para pipelines escritos em Python, essa etapa geralmente utiliza bibliotecas como Pandas, PyArrow, Polars ou Dask, dependendo do volume e da paralelização. Em casos mais simples, listas, dicionários e funções nativas já são suficientes. O importante é que a transformação seja compreensível, testável e segmentada.

Validação:

Após a transformação, entra a camada de validação. Esse bloco pode ser acoplado à transformação ou mantido como etapa separada, dependendo da criticidade do pipeline.

A validação deve conferir integridade estrutural e semântica aos dados:

- Existência de colunas obrigatórias

- Formato de campos (e-mails válidos, datas coerentes)

- Tabelas de referência para chaves estrangeiras

- Faixas numéricas aceitáveis

- Presença mínima de registros

Pipelines que carregam dados inválidos tendem a corromper relatórios e gerar erros posteriores difíceis de rastrear. A validação é a última barreira antes da persistência e deve ser aplicada com rigor. Quando falhar, deve registrar o erro com precisão e interromper o fluxo, se necessário.

Persistência:

A persistência refere-se ao armazenamento dos dados tratados em um repositório de longo prazo. Os destinos mais comuns são:

- Bancos relacionais (PostgreSQL, MySQL, SQL Server)

- Data Warehouses (BigQuery, Snowflake, Redshift)

- Data Lakes (Amazon S3, Google Cloud Storage, Azure Data Lake)

A escolha do destino depende da volumetria, do tipo de consulta esperado, da integração com sistemas de BI e da frequência de acesso. A persistência deve considerar:

- Modelagem da tabela (tipos, chaves, índices)

- Mecanismo de inserção (bulk insert, upsert, append)

- Controle de duplicidade

- Estratégia de atualização (full load, incremental, delta)

Um erro comum é tratar a persistência como operação trivial. Armazenar dados de forma incorreta pode inviabilizar consultas futuras, gerar lentidão e comprometer a escalabilidade.

Entrega:

A entrega é a camada final do pipeline. Em alguns fluxos, ela é opcional — os dados já persistidos podem ser utilizados por outras ferramentas. Em outros, a entrega é mandatória e envolve:

- Geração de relatórios

- Notificações por e-mail ou sistemas de mensagens

- Atualização de dashboards

- Integração com APIs de terceiros

- Exportação para arquivos (CSV, Excel)

A entrega deve ser desacoplada da lógica de transformação e persistência. Isso permite reaproveitar o pipeline para múltiplos destinos ou formatos, mantendo a lógica de negócios centralizada.

Orquestração:

Além dos blocos operacionais, todo pipeline precisa de um mecanismo de orquestração — ou seja, uma estrutura que controle a execução, as dependências entre tarefas, o agendamento e o monitoramento.

As opções mais comuns para orquestração são:

- Apache Airflow (DAGs com Python)

- Prefect (fluxos reativos com controle de estado)

- Dagster (composição modular e testes de runtime)

- Cron jobs (em ambientes simples)

O orquestrador garante que os pipelines executem na ordem correta, com os parâmetros esperados, e notifica quando há falhas. Também permite paralelizar etapas, executar múltiplos pipelines em sequência e documentar fluxos de forma visual.

Logging e rastreabilidade:

Toda execução de pipeline deve gerar logs. Não se trata apenas de registrar erros, mas de documentar o que foi feito, com quais parâmetros, em qual tempo e em qual contexto.

Bons pipelines escrevem logs como:

- Início e fim de execução

- Volume processado

- Tempo de execução por etapa

- Status da persistência

- Eventos inesperados (ex: API fora do ar)

- Confirmações de sucesso

Os registros são fundamentais para depuração, auditoria e melhoria contínua.

Versionamento:

Pipelines devem ser versionados. O código que define um pipeline precisa estar sob controle de versão, assim como suas configurações, templates SQL, arquivos de schema e parâmetros críticos.

Quando um pipeline muda, deve-se saber:

- O que mudou

- Por que mudou

- Quem mudou

- Qual impacto teve

O versionamento também permite reprocessar execuções antigas com consistência, uma exigência comum em cenários regulatórios, financeiros ou de machine learning.

Modularização:

Separar a lógica do pipeline em funções, módulos ou scripts reutilizáveis é uma prática essencial. Pipelines monolíticos, com 500 linhas em um único arquivo, são frágeis, difíceis de manter e propensos a erros.

Modularizar permite:

- Reaproveitar blocos de transformação

- Substituir etapas com facilidade

- Testar trechos isolados

- Isolar falhas e acelerar debugging

Um pipeline pode ser dividido, por exemplo, em:

- extract.py – funções de ingestão

- transform.py – limpeza e normalização

- validate.py – checagens e regras

- load.py – gravação em banco

- notify.py – relatórios ou alertas

Isso torna o sistema mais claro e mais preparado para crescer.

Segurança e permissões:

Mesmo em pipelines internos, é essencial controlar acessos. Isso inclui:

- Restringir conexões a bancos com usuários específicos

- Evitar hardcoded de senhas

- Usar variáveis de ambiente para chaves sensíveis

- Registrar logs de acesso e execução

- Controlar permissões de escrita e leitura

A negligência com segurança em pipelines é um dos vetores mais comuns de vazamento de dados e acesso não autorizado.

Ambientes de execução:

Pipelines não devem rodar apenas no ambiente do desenvolvedor. É necessário estruturar ambientes distintos:

- Desenvolvimento (DEV) – com dados de teste e logs completos

- Homologação (HML) – com dados reais, mas isolados

- Produção (PRD) – ambiente monitorado e restrito

Separar ambientes garante que alterações não impactem diretamente usuários finais ou dados reais.

Critérios de Maturidade

Um pipeline profissional atende aos seguintes critérios técnicos:

- Modularizado

- Testável

- Idempotente

- Rastreável

- Monitorável

- Versionado

- Escalável

- Segurável

A ausência de qualquer um desses itens compromete a qualidade do pipeline e sua capacidade de operar de forma previsível ao longo do tempo.

Conexão com os modelos do livro

Todos os pipelines apresentados nos próximos capítulos seguirão essa estrutura. Ainda que com variações, cada modelo será:

- Modularizado

- Com ingestão clara

- Transformação lógica explícita

- Validação pontual

- Persistência rastreável

- Entrega final ou handoff operacional

O objetivo é garantir que o leitor consiga não apenas reproduzir, mas adaptar, escalar e implantar os modelos conforme sua própria realidade técnica e organizacional.

Resumo Estratégico

A estrutura técnica de um pipeline profissional é composta por blocos funcionais bem definidos. Ingestão, transformação, validação, persistência e entrega são os pilares operacionais. Orquestração, logging, versionamento e segurança são os pilares de governança. Integrar esses componentes de forma clara e modular é a base da engenharia de dados moderna. Sem essa estrutura, qualquer pipeline é apenas um script frágil com aparência de automação.

CAPÍTULO 4. PIPELINE 01 – INGESTÃO DE CSV COM VALIDAÇÃO PARA SQL

Pipelines de ingestão a partir de arquivos CSV ainda são extremamente comuns mesmo em arquiteturas modernas. A despeito da proliferação de integrações via API e fontes de dados em tempo real, boa parte das operações em dados ainda começa com um arquivo CSV sendo transferido, lido, processado e armazenado. Seja por limitação dos sistemas de origem, por decisões operacionais legadas ou por necessidade de simplicidade, o CSV segue como um ponto de entrada padrão para dezenas de fluxos em organizações de todos os portes.

No entanto, a aparente simplicidade do formato esconde uma série de armadilhas técnicas. Falhas de codificação, inconsistência entre colunas, tipagens erradas, registros mal formatados, campos obrigatórios ausentes e ausência de cabeçalho são apenas algumas das condições que tornam a ingestão de CSV uma operação não trivial. Profissionais que lidam com dados em produção sabem que um pipeline robusto não nasce da leitura direta de um read_csv(), mas de uma construção que combina leitura defensiva, validação estrutural e tratamento cuidadoso.

Neste capítulo, vamos construir um pipeline funcional, testável e validado que resolve um problema real: ler um CSV com registros de usuários, aplicar validações em campos obrigatórios e tipagem, eliminar registros inválidos e persistir os dados aprovados em um banco SQL relacional. A abordagem aqui proposta segue a lógica de um fluxo corporativo real, priorizando consistência e rastreabilidade.

Contexto do problema

Considere uma aplicação que recebe, diariamente, um arquivo com dados de usuários provenientes de uma operação externa. O arquivo contém as seguintes colunas:

- id: identificador do usuário

- nome: nome completo

- email: e-mail do usuário

- idade: idade declarada

Esse arquivo é salvo em um diretório específico e precisa ser processado automaticamente. O objetivo é validar os dados, remover registros inconsistentes e salvar os dados válidos em uma tabela relacional chamada usuarios.

A primeira decisão crítica aqui é definir quais campos são obrigatórios. Para o propósito desse fluxo, estabelecemos as seguintes regras:

- Nenhum campo pode estar vazio

- O campo idade deve conter um valor numérico válido

- Os registros com falhas devem ser descartados automaticamente sem comprometer a carga dos dados válidos

- Apenas os dados íntegros devem ser persistidos na base

O pipeline será implementado em Python com uso de Pandas e persistência via SQL. A base de dados utilizada será SQLite apenas para simulação — em ambientes reais, a estrutura é idêntica para PostgreSQL, MySQL ou outro SGBD relacional, bastando adaptar o conector.

Arquitetura da Solução

O pipeline proposto será composto pelas seguintes etapas:

1. Leitura segura do arquivo CSV

2. Identificação e descarte de registros inválidos

3. Validação semântica dos campos

4. Conversão de tipos com segurança

5. Persistência dos dados validados

6. Log de execução e verificação da integridade

Cada etapa será tratada como um bloco isolado, com foco em modularidade e clareza técnica. Isso permite que o fluxo seja mantido, testado e auditado com facilidade.

Etapa 1: leitura segura do CSV

A leitura de arquivos CSV é frequentemente trivializada em scripts exploratórios. Mas em pipelines profissionais, mesmo essa etapa merece atenção.

O comando utilizado é:

python

```
import pandas as pd

df = pd.read_csv("pipeline_ingestao.csv")
```

A leitura presume que o arquivo está bem formatado, codificado em UTF-8, contém cabeçalhos e que as colunas estão delimitadas corretamente. Qualquer divergência nesses aspectos pode causar falhas.

Se for necessário adaptar o separador (como ; ao invés de ,), o parâmetro sep=';' deve ser explicitado. Para arquivos com encoding alternativo, como Latin1, o parâmetro encoding='latin1' pode ser essencial.

Etapa 2: descarte de registros incompletos

O próximo passo é remover registros com campos obrigatórios ausentes. A regra aqui é objetiva: se nome, email ou idade estiverem vazios, o registro será descartado.

python

```
df = df.dropna(subset=['nome', 'email', 'idade'])
```

O comando remove qualquer linha que contenha NaN (valor ausente) em uma das colunas especificadas. É uma abordagem clara e segura para evitar falhas futuras na tipagem ou na persistência.

Etapa 3: validação da tipagem do campo idade

Após garantir a presença do campo idade, é necessário validar se ele contém um valor numérico válido. Isso é feito com a função isdigit() aplicada como string:

python

```
df = df[df['idade'].apply(lambda x: str(x).isdigit())]
```

O filtro remove qualquer linha cujo valor de idade não represente um número inteiro positivo. Registros como "abc" ou "30 anos" serão automaticamente descartados.

Etapa 4: conversão segura de tipos

Após validar os campos, podemos converter a coluna idade para inteiro:

python

```
df['idade'] = df['idade'].astype(int)
```

Agora a coluna está tipada corretamente e pode ser usada em análises, filtros ou operações de persistência que exigem integridade numérica.

Etapa 5: persistência em banco SQL

Para o armazenamento, utilizamos SQLite com o método to_sql. Em ambientes reais, esse bloco pode ser substituído por conexões com PostgreSQL, SQL Server ou outro banco relacional.

python

```
import sqlite3
conn = sqlite3.connect(':memory:')
df.to_sql('usuarios', conn, index=False, if_exists='replace')
```

O método to_sql cria a tabela usuarios, define os tipos automaticamente e insere os dados. Em bancos mais estruturados, recomenda-se criar o schema explicitamente e usar operações de inserção com controle transacional.

Etapa 6: validação da persistência

Para confirmar que os dados foram inseridos corretamente:

python

pd.read_sql_query("SELECT * FROM usuarios", conn)

O resultado obtido confirma que apenas registros íntegros foram persistidos. Dos cinco registros originais, quatro foram descartados por conterem campos vazios ou valores inválidos.

id	nome	email	idade
1	Ana	ana@email.com	29

Essa filtragem rigorosa garante a integridade do banco e evita que os dados sujos contaminem análises futuras.

Resolução de Erros Comuns

Leitura de arquivos com encoding errado
Erro: UnicodeDecodeError: 'utf-8' codec can't decode byte
Solução: definir encoding correto na leitura, ex: encoding='latin1'

Tipos inconsistentes na coluna idade
Erro: ValueError: invalid literal for int()
Solução: validar com isdigit() antes de converter com astype(int)

Tentativa de persistência com campos nulos
Erro: IntegrityError: NOT NULL constraint failed
Solução: aplicar dropna() nos campos obrigatórios antes da inserção

Falhas silenciosas por excesso de permissividade
Problema: pipeline insere dados inválidos sem erro visível

Solução: aplicar validações explícitas e registrar logs de descartes

Boas Práticas

- Modularizar cada etapa do pipeline com funções independentes

- Validar todos os campos antes de qualquer tentativa de conversão

- Priorizar a idempotência: reexecutar o pipeline não deve gerar duplicações ou distorções

- Utilizar logs para rastrear volume total, descartes e registros persistidos

- Definir caminhos dinâmicos para arquivos e tabelas, evitando hardcoded

Expansões Possíveis

Este pipeline serve como ponto de partida. Ele pode ser estendido para:

- Detectar e armazenar registros inválidos em uma tabela separada

- Enviar alertas por e-mail em caso de alta taxa de erro

- Inserir apenas novos registros com base em comparação de IDs

- Executar de forma automatizada com agendamento por Airflow ou cron

Considerações de Performance

Em ambientes com milhões de registros, a performance se torna crítica. Nesses casos, é recomendável:

- Utilizar leitura em chunks com pd.read_csv(..., chunksize=10000)

- Evitar operações inplace e preferir atribuições diretas

- Utilizar métodos vetorizados sempre que possível

- Fazer persistência em lote com transações controladas

Resumo Estratégico

A ingestão de CSV com validação é uma das tarefas mais recorrentes e críticas da engenharia de dados. A maioria dos erros em pipelines reais ocorre nas primeiras etapas: leitura mal feita, ausência de validações, tipagens incorretas e persistência sem controle. Este modelo resolve esses problemas de forma didática, funcional e modular, servindo como base para ingestões mais complexas. O foco está na confiabilidade, e não apenas na execução.

Este é o primeiro pipeline prático do livro, e estabelece os critérios de robustez que serão exigidos nos modelos seguintes. Aqui, não tratamos apenas de ler e gravar dados. Tratamos de criar um fluxo confiável, auditável e alinhado às exigências de qualquer operação real. Engenharia de dados começa na entrada — e se ela for mal feita, o restante do sistema não se sustenta.

CAPÍTULO 5. PIPELINE 02 – EXTRAÇÃO VIA API REST E ARMAZENAMENTO PARQUET

A integração com APIs REST é uma das operações mais importantes dentro de pipelines modernos. Diferente da ingestão baseada em arquivos, as APIs permitem buscar dados diretamente da fonte em tempo real ou em janelas específicas, sem necessidade de transferências manuais. Com isso, é possível automatizar atualizações periódicas, coletar registros recém-gerados e orquestrar fluxos inteligentes que se adaptam ao estado dos dados disponíveis. Neste capítulo, vamos construir um pipeline técnico completo que realiza a extração de dados via API REST, aplica validações estruturais e armazena o resultado em formato Parquet.

A escolha do formato Parquet não é aleatória. Ele representa um padrão moderno de serialização orientada a colunas, utilizado amplamente em data lakes, pipelines analíticos e plataformas distribuídas. Armazenar dados em Parquet reduz drasticamente o volume em disco, acelera leitura seletiva e permite compatibilidade direta com ferramentas como Apache Spark, Hive, Presto, AWS Athena e Google BigQuery.

A proposta aqui é consolidar um fluxo robusto que una os dois mundos: conectividade web confiável e persistência técnica otimizada.

Premissas e Definições

O pipeline assume como origem uma API REST pública que entrega dados em formato JSON. Cada chamada retorna uma lista de objetos estruturados, representando registros de usuários. A estrutura esperada para cada item inclui os campos:

- id: identificador numérico único

- name: nome completo

- email: e-mail de contato

- phone: número de telefone

- website: site ou URL pessoal

A meta é:

1. Automatizar a chamada à API

2. Validar a resposta e transformar em DataFrame

3. Aplicar filtros e verificações básicas

4. Armazenar o resultado no formato Parquet

O pipeline pode ser adaptado para dezenas de outras APIs, desde que respeitado o mesmo padrão estrutural de resposta.

Arquitetura do Fuxo

A estrutura do pipeline será segmentada em blocos funcionais:

1. Conexão com a API

2. Tratamento da resposta JSON

3. Validação de campos obrigatórios

4. Conversão para DataFrame

5. Escrita em formato Parquet

A modularização será aplicada para garantir clareza, legibilidade e reaproveitamento futuro.

Etapa 1: conexão com a API

A comunicação com APIs REST em Python é feita, na maioria dos casos, com a biblioteca requests, que oferece métodos simples para realizar requisições HTTP.

python

```
import requests


url = "https://api.exemplo.com/usuarios"
response = requests.get(url)
```

A chamada deve ser encapsulada em try/except para capturar falhas de rede, timeouts e status HTTP inesperados.

python

```
try:
    response = requests.get(url, timeout=10)
    response.raise_for_status()
except requests.exceptions.RequestException as e:
    raise SystemExit(f"Falha na conexão com a API: {e}")
```

O uso de timeout é essencial para evitar que o script trave

indefinidamente. Já raise_for_status() garante que respostas com erro (ex: 500, 404) sejam tratadas adequadamente.

Etapa 2: tratamento da resposta JSON

APIs modernas geralmente retornam dados no formato JSON, que precisa ser interpretado e estruturado antes do uso.

python

```
data = response.json()
```

Essa resposta pode ser:

- Uma lista de dicionários (estrutura ideal para conversão direta)

- Um dicionário com múltiplos níveis (que exige normalização)

- Uma resposta aninhada com múltiplos objetos por registro

Para simplificação e performance, vamos trabalhar com listas de dicionários. Caso o JSON contenha aninhamentos, pode-se utilizar:

python

```
import pandas as pd
df = pd.json_normalize(data)
```

Tal método transforma campos internos em colunas com notação de ponto (endereco.rua, empresa.nome), facilitando o acesso e a persistência posterior.

Etapa 3: validação de campos obrigatórios

Após a conversão inicial, é necessário verificar se os dados contêm os campos esperados, e se não existem registros vazios ou corrompidos.

python

```python
df = df[['id', 'name', 'email', 'phone', 'website']]
df = df.dropna(subset=['id', 'email'])
```

Aqui descartamos registros com id ou email ausentes. Isso garante que a persistência não seja poluída com dados incompletos.

Se necessário, filtros mais complexos podem ser aplicados, como verificação de padrões de e-mail, números de telefone válidos ou presença de domínios específicos.

Etapa 4: conversão e escrita em Parquet

Com os dados estruturados e limpos, realizamos a conversão para o formato Parquet. A biblioteca recomendada é pyarrow, que suporta operações eficientes e compatibilidade com Pandas.

python

```python
import pyarrow as pa
import pyarrow.parquet as pq


table = pa.Table.from_pandas(df)
pq.write_table(table, "usuarios.parquet")
```

O comando converte o DataFrame em uma tabela Arrow e escreve no disco em formato Parquet. O arquivo resultante é compacto, legível por sistemas distribuídos e ideal para análises subsequentes.

O mesmo fluxo pode ser adaptado para escrita em múltiplos arquivos particionados, uso de diretórios S3, criptografia ou compressão com Snappy/GZIP.

Alternativas de Escrita

Caso o ambiente não tenha pyarrow instalado, é possível utilizar fastparquet como backend alternativo:

python

```python
df.to_parquet("usuarios.parquet", engine="fastparquet")
```

Ou, como fallback de validação, gravar em CSV:

python

```python
df.to_csv("usuarios_fallback.csv", index=False)
```

Embora o CSV seja menos eficiente, ele permite verificar o conteúdo com facilidade e serve como etapa intermediária para debugging.

Registro de Execução e uditoria

Todo pipeline profissional precisa registrar a execução. Isso inclui:

- Hora de início e término

- Status do processo

- Volume de registros extraídos

- Volume de registros descartados

- Caminho final do arquivo salvo

A auditoria pode ser feita com logs no console, arquivos .log, ou integração com sistemas de observabilidade como ELK, Datadog, Prometheus.

python

```python
import logging

logging.basicConfig(filename='execucao_pipeline.log',
level=logging.INFO)
logging.info(f"Início da execução: {datetime.now()}")
logging.info(f"Registros válidos: {len(df)}")
logging.info(f"Arquivo gerado: usuarios.parquet")
```

Resolução de Erros Comuns

Erro: requests.exceptions.Timeout
Causa provável: API demorando a responder
Solução: aumentar o timeout ou implementar retry progressivo

Erro: json.decoder.JSONDecodeError
Causa provável: resposta inválida ou HTML no lugar do JSON
Solução: validar response.headers['Content-Type'] antes de aplicar .json()

Erro: KeyError: 'email'
Causa provável: campo não presente em todos os registros
Solução: utilizar df.get('email') ou normalizar com errors='ignore'

Erro: OSError: No such file or directory ao gravar Parquet
Causa provável: diretório de saída inexistente
Solução: validar caminho com os.makedirs() antes da escrita

Boas Práticas

- Modularizar chamadas de API e tratamento de dados

- Implementar camadas de retry e verificação de status

- Normalizar e validar campos antes da persistência

- Escolher formatos de saída compatíveis com os objetivos do pipeline

- Manter logs de execução com volume e status

Expansões Recomendadas

Este pipeline pode ser expandido para:

- Coleta paginada de APIs (com controle de page, offset)

- Parâmetros dinâmicos por data/hora

- Criação de partições por data no Parquet (/ data=2025-04-18/usuarios.parquet)

- Publicação automática em data lake, S3 ou GCP

- Agendamento com orquestradores como Apache Airflow

Conexão com Pipelines Seguintes

A estrutura aqui apresentada serve como base para qualquer pipeline de ingestão dinâmica. APIs representam uma camada de dados viva, volátil e em constante mutação. Saber extrair, validar e persistir suas respostas com segurança é um diferencial técnico e estratégico. Este modelo será reutilizado em outros capítulos, inclusive com transformações em tempo real, scraping e triggers reativos.

Resumo Estratégico

A extração de dados via API REST exige controle de fluxo, validação estrutural e decisão estratégica sobre o formato de persistência. O uso de Parquet garante compatibilidade e performance para consumo analítico. Este pipeline resolve de forma clara e funcional um dos problemas mais recorrentes da engenharia de dados moderna: integrar APIs externas ao fluxo operacional com segurança, rastreabilidade e eficiência. Em sistemas distribuídos, esse modelo é o ponto de entrada para fluxos escaláveis, reprocessáveis e automatizados.

CAPÍTULO 6. PIPELINE 03 – TRANSFORMAÇÃO COM PANDAS E ENVIO AO DATA LAKE

Transformar dados brutos em estruturas organizadas, coerentes e enriquecidas é uma das tarefas centrais em qualquer fluxo de engenharia de dados. O sucesso de análises, modelos preditivos ou relatórios operacionais depende diretamente da qualidade dos dados entregues — e essa qualidade só pode ser garantida quando o pipeline aplica uma lógica de transformação clara, testável e alinhada às regras do domínio. Neste momento, vamos construir um pipeline técnico que realiza a transformação com Pandas e envia o resultado para um data lake na nuvem utilizando boto3 (para AWS) ou gcsfs (para GCP).

Esse modelo de pipeline é extremamente comum em operações modernas. Empresas que utilizam S3, Google Cloud Storage ou Azure Data Lake como camada intermediária de persistência precisam construir fluxos que leem dados de múltiplas fontes, realizam padronizações, aplicam enriquecimentos semânticos e salvam o resultado em formato eficiente e distribuído — geralmente Parquet ou CSV particionado.

Nosso foco será a construção de um pipeline robusto que:

1. Carrega dados brutos em CSV

2. Aplica uma sequência de transformações com Pandas

3. Realiza enriquecimento baseado em regras de negócio

4. Converte o resultado para Parquet

5. Envia o arquivo para um bucket na nuvem

Premissas e Definição do Fluxo

O dataset de origem contém uma lista de transações com os seguintes campos:

- id_transacao: identificador único

- valor: valor da transação em reais

- categoria: rótulo da transação

- data: data da transação

- id_cliente: identificador do cliente

O objetivo do pipeline é:

- Eliminar registros com campos obrigatórios ausentes

- Padronizar categorias (ex: caixa baixa, sem acento)

- Criar uma nova coluna com classificação de valor: baixo, médio, alto

- Gerar uma coluna ano_mes para particionamento futuro

- Salvar o resultado em formato Parquet

- Enviar o arquivo para um bucket específico (ex: s3://dados-tratados/transacoes.parquet)

Etapa 1: leitura dos dados brutos

A leitura do arquivo original será feita com Pandas, assumindo um CSV como origem.

python

```
import pandas as pd

df = pd.read_csv("transacoes.csv")
```

É possível adicionar parâmetros como delimiter, encoding, dtype caso a estrutura do CSV seja complexa. O foco nesta etapa é carregar o arquivo em memória com o mínimo de fricção.

Etapa 2: limpeza de dados

A primeira transformação obrigatória é eliminar registros com campos nulos em colunas críticas.

python

```
df = df.dropna(subset=['id_transacao', 'valor', 'categoria', 'data', 'id_cliente'])
```

A operação descrita, impede que registros incompletos contaminem o resultado final ou causem erros no upload.

Também é importante garantir que a coluna valor esteja corretamente tipada:

python

```
df['valor'] = pd.to_numeric(df['valor'], errors='coerce')
df = df.dropna(subset=['valor'])
```

Qualquer valor não numérico será convertido para NaN e descartado.

Etapa 3: padronização e enriquecimento

Nesta etapa aplicamos uma transformação semântica. A coluna categoria será padronizada para caixa baixa e sem acentos.

python

```python
import unidecode

df['categoria'] = df['categoria'].apply(lambda x:
unidecode.unidecode(str(x)).lower())
```

Agora criamos uma nova coluna com classificação de valor:

python

```python
def classificar_valor(v):
    if v < 100:
        return 'baixo'
    elif v < 1000:
        return 'medio'
    else:
        return 'alto'

df['faixa_valor'] = df['valor'].apply(classificar_valor)
```

Por fim, criamos a coluna ano_mes a partir da data:

python

```python
df['data'] = pd.to_datetime(df['data'], errors='coerce')
df = df.dropna(subset=['data'])
df['ano_mes'] = df['data'].dt.to_period('M').astype(str)
```

Etapa 4: persistência local em Parquet

Antes de enviar ao data lake, salvamos o resultado localmente:

python

```python
import pyarrow as pa
import pyarrow.parquet as pq


table = pa.Table.from_pandas(df)
pq.write_table(table, "transacoes_tratadas.parquet")
```

Esse arquivo será o artefato final a ser enviado à nuvem.

Etapa 5: envio ao data lake

Para AWS S3 com boto3:

python

```python
import boto3


s3 = boto3.client('s3')
with open("transacoes_tratadas.parquet", "rb") as f:
    s3.upload_fileobj(f, "meu-bucket", "transacoes/2025-04/
transacoes_tratadas.parquet")
```

Para Google Cloud Storage com gcsfs:

python

```
import gcsfs

fs = gcsfs.GCSFileSystem()
with fs.open('meu-bucket/transacoes/2025-04/
transacoes_tratadas.parquet', 'wb') as f:
    df.to_parquet(f, engine='pyarrow')
```

Ambas as abordagens exigem autenticação configurada no ambiente. Em produção, as credenciais devem ser gerenciadas por variáveis de ambiente ou serviços de identidade.

Resolução de Erros Comuns

Erro: ValueError: could not convert string to float: 'R$ 50'
Causa provável: valor monetário com símbolo
Solução: limpar a string antes com .replace('R$', '').strip() e converter com pd.to_numeric

Erro: AttributeError: 'str' object has no attribute 'dt'
Causa provável: tentativa de aplicar .dt em coluna não convertida
Solução: aplicar pd.to_datetime() antes de usar .dt

Erro: NoCredentialsError: Unable to locate credentials
Causa provável: credenciais AWS não configuradas
Solução: configurar com AWS CLI ou definir AWS_ACCESS_KEY_ID e AWS_SECRET_ACCESS_KEY

Erro: google.auth.exceptions.DefaultCredentialsError
Causa provável: ambiente GCP não autenticado
Solução: rodar gcloud auth application-default login ou usar

chave JSON com gcsfs.GCSFileSystem(token='path/to/key.json')

Erro: FileNotFoundError: [Errno 2] No such file or directory
Causa provável: diretório de saída inexistente
Solução: usar os.makedirs(path, exist_ok=True) antes de gravar

Boas Práticas

- Validar e padronizar todas as colunas antes da escrita

- Trabalhar com datetime em formato nativo do Pandas

- Garantir consistência de schema para uso futuro com Big Data

- Controlar credenciais por ambiente, nunca em código-fonte

- Manter nomes de arquivos padronizados com data ou partição

Expansões Possíveis

Este pipeline pode ser acoplado a:

- Tarefas de enriquecimento com dados externos (via merge)

- Validações com esquemas JSON ou bibliotecas como Great Expectations

- Particionamento por ano e mês diretamente no Parquet

- Publicação em tópicos de notificação após upload (SNS, Pub/Sub)

Resumo Estratégico

A transformação de dados com Pandas combinada ao envio para um data lake representa o ponto de convergência entre a preparação analítica e a arquitetura distribuída. Esse pipeline mostra como aplicar lógica de limpeza, enriquecimento e formatação antes de entregar os dados para consumo massivo. A escolha do formato Parquet e o uso de boto3/gcsfs garantem compatibilidade com ambientes modernos, enquanto as validações aplicadas asseguram a confiabilidade da informação processada. A aplicação dessas técnicas é essencial para qualquer engenheiro de dados que atua em fluxos de produção conectados a nuvem.

CAPÍTULO 7.PIPELINE 04 – COLETA DE LOGS E ARMAZENAMENTO ESTRUTURADO

Sistemas modernos geram uma quantidade massiva de logs. Servidores web, aplicações, bancos de dados, APIs, filas de mensageria, containers e firewalls registram continuamente eventos operacionais que, se corretamente coletados e estruturados, revelam padrões de uso, comportamento de usuários, falhas silenciosas, anomalias e insights operacionais valiosos. No entanto, lidar com logs em formato cru — geralmente linhas de texto não estruturadas — requer um pipeline específico, capaz de capturar, interpretar e persistir essas informações em um modelo relacional ou analítico.

Este módulo apresenta um pipeline funcional para a coleta contínua de logs, aplicação de parsing com expressões regulares e carga incremental em um banco de dados SQL. O foco está na robustez da extração, na clareza da transformação e na eficiência da persistência. A abordagem é orientada à modularidade e pode ser expandida para ambientes produtivos com grande volume de dados.

Objetivo do Pipeline

- Monitorar continuamente um arquivo de log que cresce em tempo real

- Ler apenas as novas linhas adicionadas (modo

incremental)

- Aplicar parsing com expressões regulares para extrair campos

- Eliminar linhas inválidas ou incompletas

- Persistir os registros estruturados em uma tabela SQL

O pipeline será implementado em Python, utilizando técnicas de leitura incremental, regex para extração e Pandas + SQLite para simulação local da persistência.

Estrutura dos Dados de Origem

Um log de aplicação típico pode conter linhas como:

pgsql

2025-04-18 10:15:32,214 INFO User 248 login success

2025-04-18 10:15:47,330 ERROR User 315 failed to access resource

2025-04-18 10:16:02,771 WARNING User 102 exceeded rate limit

Cada linha contém, implicitamente:

- timestamp: data e hora

- nivel: nível do log (INFO, WARNING, ERROR)

- user_id: identificador do usuário

- mensagem: conteúdo descritivo

Nosso objetivo será transformar esse conteúdo textual em um

DataFrame com colunas estruturadas:

- timestamp

- nivel

- user_id

- mensagem

Etapa 1: leitura incremental do arquivo

Para simular a leitura contínua de um log que cresce com o tempo, utilizamos a técnica de leitura com seek() e tell().

python

```python
def ler_linhas_novas(caminho_log, ultima_posicao):
    with open(caminho_log, 'r') as f:
        f.seek(ultima_posicao)
        novas_linhas = f.readlines()
        nova_posicao = f.tell()
    return novas_linhas, nova_posicao
```

Esse método permite que o pipeline seja executado periodicamente e processe apenas os novos registros inseridos desde a última execução.

Etapa 2: parsing com expressões regulares

Cada linha será interpretada por uma expressão regular que extrai os campos estruturados. Para o padrão descrito, usamos:

python

```
import re
```

```
regex = re.compile(r'(?P<timestamp>\d{4}-\d{2}-\d{2} \d{2}:
\d{2}:\d{2},\d{3}) (?P<nivel>\w+) User (?P<user_id>\d+) (?
P<mensagem>.+)')
```

A aplicação do regex é feita linha a linha:

python

```python
def extrair_campos(linha):
    match = regex.match(linha)
    if match:
        return match.groupdict()
    return None
```

Aqui, o método garante que apenas as linhas que correspondem exatamente ao padrão serão processadas.

Etapa 3: conversão para DataFrame

Após filtrar e extrair os dados, transformamos em DataFrame:

python

```python
linhas_processadas = [extrair_campos(l) for l in novas_linhas]
linhas_validas = [l for l in linhas_processadas if l is not None]
df = pd.DataFrame(linhas_validas)
```

Adicionalmente, convertemos a coluna timestamp para datetime nativo:

python

```
df['timestamp'] = pd.to_datetime(df['timestamp'], format='%Y-
%m-%d %H:%M:%S,%f')
df['user_id'] = df['user_id'].astype(int)
```

Etapa 4: carga incremental no banco SQL

A persistência será feita em SQLite, mas o padrão se aplica a qualquer banco relacional:

python

```
import sqlite3
conn = sqlite3.connect('logs.db')
df.to_sql('logs_aplicacao', conn, index=False, if_exists='append')
```

Se desejar garantir unicidade por timestamp + user_id, recomenda-se implementar deduplicação antes da inserção.

Etapa 5: atualização do ponteiro de leitura

Para garantir que apenas novas linhas sejam lidas na próxima execução, salvamos a posição final lida em arquivo:

python

```
with open('offset.log', 'w') as f:
    f.write(str(nova_posicao))
```

Na execução seguinte, basta carregar esse valor:

python

```
with open('offset.log') as f:
```

```
ultima_posicao = int(f.read().strip())
```

Esse mecanismo transforma o pipeline em um leitor contínuo que mantém estado entre execuções.

Resolução de Erros Comuns

Erro: AttributeError: 'NoneType' object has no attribute 'groupdict'
Causa provável: regex não casou com a linha
Solução: validar com if match: antes de acessar o grupo

Erro: UnicodeDecodeError ao ler arquivo de log
Causa provável: encoding do arquivo diferente do padrão
Solução: abrir com open(..., encoding='utf-8') ou encoding='latin1'

Erro: ValueError: time data does not match format
Causa provável: timestamp com formato diferente do esperado
Solução: ajustar format= em pd.to_datetime() ou usar errors='coerce'

Erro: sqlite3.OperationalError: no such table
Causa provável: primeira execução sem tabela existente
Solução: garantir if_exists='append' com auto-criação ou criar schema manualmente

Boas Práticas

- Leitura incremental com controle de offset

- Parsing controlado com regex explícito

- Validação de cada linha antes da conversão

- Conversão de timestamp para datetime nativo

- Persistência em banco com schema estruturado

Expansões possíveis

Pode ser estendido para:

- Monitorar múltiplos arquivos simultaneamente

- Publicar logs processados em tópicos Kafka ou Pub/Sub

- Persistir em timeseries DBs como InfluxDB ou TimescaleDB

- Enviar alertas em tempo real com base em padrões de erro

- Acoplar com dashboards para visualização contínua

Resumo Estratégico

A coleta de logs e sua transformação em dados estruturados é um passo crítico para observabilidade, auditoria e análise operacional. Este pipeline apresenta uma abordagem direta, eficiente e modular para monitoramento de arquivos de log com parsing e carga incremental. O uso de expressões regulares garante flexibilidade, enquanto a persistência relacional assegura integridade e consulta posterior. Aplicar esse modelo permite integrar observabilidade técnica aos fluxos de engenharia de dados com alto grau de controle e automação.

CAPÍTULO 8.PIPELINE 05 – ETL GEOESPACIAL (GEOJSON → POSTGIS)

Dados geoespaciais assumem um papel estratégico em uma ampla gama de aplicações modernas: logística, urbanismo, agronegócio, saúde pública, telecomunicações, marketing e segurança. Processar informações que possuem componente espacial exige não apenas ferramentas específicas, mas também uma estrutura de pipeline que compreenda as características únicas desses dados. Arquivos no formato GeoJSON, shapefiles e bases vetoriais em geral contêm geometria, projeção e atributos — e para serem úteis em consultas analíticas ou visualizações dinâmicas, precisam ser armazenados corretamente em bancos como o PostgreSQL com extensão PostGIS.

Este capítulo apresenta um pipeline de ETL geoespacial completo, que realiza a leitura de um arquivo GeoJSON, transforma e valida os dados com GeoPandas, e carrega os registros em uma tabela espacial PostgreSQL com suporte a operações geográficas nativas. A implementação será orientada à robustez, com foco em estrutura modular, validações técnicas e compatibilidade com os padrões do SIG (Sistema de Informação Geográfica).

Objetivo do Pipeline

- Ler um arquivo no formato GeoJSON contendo objetos geográficos (ex: bairros, zonas, linhas de transporte)

- Validar a estrutura geoespacial e atributos obrigatórios

- Corrigir geometrias inválidas se necessário

- Definir o sistema de coordenadas geográficas padrão (WGS84)

- Persistir os dados em uma tabela PostgreSQL com suporte PostGIS

O modelo de pipeline pode ser adaptado para ingestão recorrente de arquivos de planejamento urbano, malha viária, áreas ambientais, dados de censo e mapas temáticos.

Etapa 1: leitura do arquivo GeoJSON

Para lidar com dados espaciais em Python, utilizamos a biblioteca GeoPandas, que estende Pandas com suporte nativo a geometrias.

python

```python
import geopandas as gpd


gdf = gpd.read_file("zonas_urbanas.geojson")
```

O GeoDataFrame resultante contém colunas regulares (como nome, populacao, etc.) e uma coluna geometry, onde estão armazenados os polígonos ou pontos correspondentes.

Etapa 2: validação estrutural e projeção

Antes de persistir, é necessário validar se a geometria está bem definida e se está no sistema de coordenadas correto. A maioria das APIs geográficas e sistemas de visualização utilizam o sistema WGS84 (EPSG:4326).

python

```
if gdf.crs is None:
    gdf.set_crs(epsg=4326, inplace=True)
elif gdf.crs.to_epsg() != 4326:
    gdf = gdf.to_crs(epsg=4326)
```

Também é importante verificar se há geometrias nulas ou inválidas:

python

```
gdf = gdf[~gdf['geometry'].is_empty]
gdf = gdf[~gdf['geometry'].isna()]
gdf['geometry'] = gdf['geometry'].buffer(0)
```

Esse buffer(0) corrige automaticamente a maioria dos problemas de topologia como buracos, autointerseções e polígonos degenerados.

Etapa 3: limpeza e transformação de atributos

Além da geometria, campos complementares devem ser padronizados. Exemplo:

python

```
gdf['nome'] = gdf['nome'].str.strip().str.upper()
gdf['populacao'] = gdf['populacao'].fillna(0).astype(int)
```

Campos categóricos, datas e códigos identificadores também

devem ser validados e normalizados conforme o modelo de dados de destino.

Etapa 4: conexão com PostgreSQL com PostGIS

Para persistir dados espaciais em um banco relacional, é necessário um SGBD que suporte extensões geográficas. O PostgreSQL com PostGIS é o padrão mais utilizado.

Primeiro, configuramos a conexão com sqlalchemy e GeoAlchemy2.

python

```
from sqlalchemy import create_engine


engine = create_engine("postgresql://
usuario:senha@host:5432/banco")
```

O GeoPandas oferece suporte nativo à escrita em PostGIS, desde que o banco tenha a extensão ativada.

python

```
gdf.to_postgis("zonas_urbanas", con=engine,
if_exists="replace", index=False)
```

O comando cria a tabela zonas_urbanas, define a coluna geometry como do tipo GEOMETRY(POLYGON, 4326) e insere os dados. O parâmetro if_exists pode ser replace, append ou fail, dependendo da estratégia.

Etapa 5: indexação espacial e otimização

Após a carga, é recomendável criar um índice espacial para

otimizar consultas:

sql

```
CREATE INDEX idx_geom ON zonas_urbanas USING GIST
(geometry);
```

O índice permite acelerar filtros como ST_Within, ST_Intersects, ST_Distance, entre outros.

Também é possível registrar a metainformação no catálogo espacial:

sql

```
SELECT Populate_Geometry_Columns();
```

Tais operações garantem performance e conformidade SIG para consultas geográficas.

Resolução de Erros Comuns

Erro: ValueError: No geometry data set yet
Causa provável: GeoDataFrame sem coluna geometry definida
Solução: garantir que o arquivo GeoJSON possua geometria e a coluna correta

Erro: InterfaceError: connection already closed
Causa provável: conexão expirou antes do commit final
Solução: persistir em lotes menores ou usar chunksize=1000

Erro: psycopg2.errors.UndefinedFunction: function st_geomfromtext not found
Causa provável: extensão PostGIS não ativada no banco
Solução: rodar CREATE EXTENSION postgis; no PostgreSQL

Erro: Geometry type (MULTIPOLYGON) does not match table column type (POLYGON)

Causa provável: tipos mistos de geometria
Solução: converter tudo para MULTIPOLYGON com
gdf['geometry'] = gdf['geometry'].apply(lambda g: g if
g.geom_type == 'MultiPolygon' else MultiPolygon([g]))

Boas práticas aplicadas

- Validar e forçar projeção geográfica padrão EPSG:4326

- Corrigir geometrias inválidas com buffer(0)

- Normalizar atributos com limpeza de texto e preenchimento de nulos

- Persistir com schema consistente entre execuções

- Criar índices espaciais após carga para acelerar análises

Expansões Possíveis

O pipeline pode ser acoplado a:

- Agregações geoespaciais por região, raio ou fronteira

- Integrações com dados não espaciais via joins

- APIs para consulta via coordenadas (reverse geocoding)

- Exportações para Mapbox, Leaflet, QGIS ou Power BI

Resumo estratégico

Fluxos de ETL com dados geoespaciais exigem atenção técnica a detalhes como projeção, topologia, tipos geométricos e compatibilidade com bancos espaciais. Este pipeline oferece um modelo sólido e adaptável para ingestão de arquivos GeoJSON, validação semântica e persistência em PostGIS. A abordagem aplicada garante que os dados possam ser utilizados em sistemas analíticos, consultas espaciais complexas ou interfaces de visualização cartográfica com alta performance. Em operações baseadas em território, esse modelo é indispensável.

CAPÍTULO 9. PIPELINE 06 – AGENDAMENTO COM AIRFLOW E EXECUÇÃO SQL

A orquestração de pipelines é um elemento essencial em qualquer arquitetura de dados moderna. À medida que os fluxos se tornam mais complexos — integrando ingestões, transformações, cargas e entregas em diferentes fontes — o controle sobre a ordem de execução, as dependências entre tarefas, o tratamento de falhas e a rastreabilidade se torna obrigatório. O Apache Airflow é, atualmente, a ferramenta mais consolidada para essa função.

Nesta etapa, vamos construir um pipeline que exemplifica o uso do Airflow para agendamento e execução de uma tarefa SQL. O objetivo é mostrar, com clareza e precisão técnica, como estruturar uma DAG funcional, como executar comandos SQL por meio de operadores nativos e como monitorar a execução das tarefas de forma sistemática.

O modelo apresentado é aplicável tanto em ambientes locais quanto em infraestruturas com múltiplos DAGs, múltiplos bancos de dados e políticas de execução agendadas. Trata-se de um modelo essencial para qualquer operação de dados com maturidade operacional mínima.

Objetivo do Pipeline

- Definir uma DAG no Airflow com agendamento diário

- Criar uma tarefa (task) que executa uma query SQL em banco PostgreSQL

- Monitorar a execução via interface web do Airflow

- Registrar falhas, sucessos e duração das execuções

Simula um cenário comum: rodar diariamente uma query que atualiza uma tabela analítica no banco, com controle completo sobre sua execução.

Etapa 1: estrutura básica de uma DAG no Airflow

DAG (Directed Acyclic Graph) é o componente central do Airflow. Cada DAG define um pipeline composto por tarefas (tasks) interligadas e agendadas.

A estrutura básica de uma DAG é composta por:

python

```python
from airflow import DAG

from airflow.providers.postgres.operators.postgres import PostgresOperator

from datetime import datetime, timedelta


default_args = {
    'owner': 'engenharia_dados',
    'retries': 1,
    'retry_delay': timedelta(minutes=5),
}
```

```python
with DAG(
    dag_id='pipeline_sql_diario',
    default_args=default_args,
    start_date=datetime(2025, 4, 20),
    schedule_interval='0 6 * * *',  # executa às 6h da manhã
diariamente
    catchup=False,
    tags=['sql', 'diario'],
) as dag:
    ...
```

O schedule_interval **define a frequência de execução.** O catchup=False **impede reexecuções retroativas desde a** start_date.

Etapa 2: criação de task com PostgresOperator

Airflow possui operadores específicos para bancos de dados. Para PostgreSQL, utilizamos:

python

```python
atualizar_tabela_sql = PostgresOperator(
    task_id='executar_sql',
    postgres_conn_id='postgres_default',
    sql="""
    INSERT INTO relatorio_mensal (data_execucao, total_usuarios)
    SELECT CURRENT_DATE, COUNT(*) FROM usuarios
    WHERE ativo = TRUE;
```

```
"""
,
)
```

O parâmetro postgres_conn_id refere-se a uma conexão cadastrada previamente no Airflow, com credenciais seguras. O parâmetro sql pode ser uma string inline ou o caminho para um arquivo .sql.

Etapa 3: definição da DAG com tarefa única

Com a task criada, conectamos à DAG:

python

atualizar_tabela_sql

Define que a DAG possui uma única task, sem dependências adicionais. Para pipelines com múltiplas etapas, basta encadear com task1 >> task2.

Etapa 4: configuração do ambiente Airflow

Para executar essa DAG, é necessário:

- Ter o Airflow instalado (pip install apache-airflow)

- Configurar o airflow.cfg com o backend desejado

- Criar a conexão postgres_default via interface ou CLI:

bash

airflow connections add 'postgres_default' \

--conn-uri 'postgresql://usuario:senha@host:5432/banco'

- Salvar o arquivo da DAG em ~/airflow/dags/ pipeline_sql_diario.py

- Iniciar o scheduler e webserver:

bash

```
airflow db init
airflow scheduler
airflow webserver
```

Com isso, a DAG aparece na interface e pode ser monitorada, ativada e executada manualmente.

Etapa 5: monitoramento e auditoria

O Airflow fornece, via interface web:

- Status de execução de cada tarefa (success, failed, skipped)

- Tempo total de execução

- Log completo da tarefa

- Tentativas e reexecuções

- Histórico consolidado por data de execução

Além disso, é possível configurar alertas por e-mail, notificações em Slack ou integração com sistemas de observabilidade externos.

Resolução de Erros Comuns

Erro: psycopg2.OperationalError: FATAL: password authentication failed
Causa provável: credenciais incorretas na conexão
Solução: revisar conexão postgres_default e validar credenciais

Erro: dag_id not found
Causa provável: arquivo da DAG fora da pasta correta ou com erro de sintaxe
Solução: garantir que o arquivo está em ~/airflow/dags/ e sem erros

Erro: relation "usuarios" does not exist
Causa provável: tabela chamada no SQL não está presente no banco
Solução: validar existência e permissão sobre a tabela referenciada

Erro: AirflowException: Task is not able to be run
Causa provável: falta de start_date ou schedule_interval mal formatado
Solução: revisar parâmetros da DAG

Boas Práticas

- Definir start_date, schedule e catchup com clareza

- Isolar o SQL em arquivos .sql para facilitar revisão

- Utilizar conexões registradas e nunca embutir credenciais

- Encapsular lógica de transformação em SQL versionado

- Monitorar falhas e configurar retries com limiares razoáveis

Expansões Possíveis

- Múltiplas tarefas encadeadas (extract >> transform >> load)

- Notificações automáticas em caso de erro

- Integração com DAGs dependentes (subDAGs ou TriggerDagRunOperator)

- Execução com templates Jinja para parametrização

- Controle de SLA por tarefa

Resumo Estratégico

A orquestração com Airflow transforma scripts isolados em pipelines profissionais, rastreáveis e auditáveis. Este capítulo apresentou um modelo técnico funcional de agendamento e execução de SQL via DAG. Ao adotar esse padrão, equipes de dados ganham controle sobre execução, agendamento, falhas e dependências. Mais do que executar queries, o foco está na engenharia da previsibilidade — saber o que vai acontecer, quando, como e por quê. Orquestrar é arquitetar o tempo da sua infraestrutura.

CAPÍTULO 10. PIPELINE 07 – ENRIQUECIMENTO COM DADOS PÚBLICOS

Dados públicos são uma fonte estratégica e muitas vezes subutilizada de valor para empresas, instituições e projetos de análise. Órgãos governamentais, entidades de pesquisa, institutos de estatística e consórcios internacionais publicam periodicamente datasets que, quando corretamente ingeridos e combinados a bases privadas, permitem enriquecer informações, ampliar o contexto e gerar novos indicadores. O desafio, porém, está em integrar essas bases com consistência, qualidade e automação.

Este capítulo apresenta um pipeline funcional de enriquecimento com dados públicos, aplicando um processo controlado de ingestão, normalização e *merge* inteligente com uma base interna de usuários. O objetivo é criar uma estrutura reutilizável para cruzar dados de forma automatizada, respeitando consistência semântica, qualidade dos dados e rastreabilidade de origem.

Objetivo do Pipeline

- Acessar e carregar um dataset público (ex: IBGE, Receita Federal, ANP)

- Padronizar as colunas e normalizar formatos

- Carregar uma base interna (clientes ou usuários) com identificador compatível

- Executar o merge entre as duas bases de forma robusta

- Persistir o resultado enriquecido para uso posterior

O modelo será implementado com Pandas, mas os princípios se aplicam a fluxos de grande escala com Spark, SQL distribuído ou ferramentas de ETL visual.

Etapa 1: carregamento do dataset público

Para simulação, utilizaremos um CSV contendo dados de municípios brasileiros com as colunas:

- codigo_ibge: **código identificador único do município**

- municipio: **nome do município**

- populacao: **população estimada**

- estado: **sigla da unidade federativa**

python

```
import pandas as pd


df_publico = pd.read_csv("dados_municipios.csv")
```

Datasets públicos devem sempre ser versionados localmente. Não se deve depender de fontes externas em tempo real sem uma camada de cache ou checkpointing.

Etapa 2: limpeza e padronização

A padronização é fundamental para garantir o sucesso do merge. Aplicamos:

python

```
df_publico['municipio'] =
df_publico['municipio'].str.strip().str.upper()

df_publico['estado'] = df_publico['estado'].str.upper()

df_publico['codigo_ibge'] =
df_publico['codigo_ibge'].astype(str).str.zfill(7)
```

Asseguramos também a integridade dos valores:

python

```
df_publico = df_publico.dropna(subset=['codigo_ibge',
'populacao'])

df_publico['populacao'] = df_publico['populacao'].astype(int)
```

Etapa 3: carregamento da base interna

Suponha que temos uma base de clientes com o município informado em texto e a UF:

python

```
df_clientes = pd.read_csv("clientes.csv")

df_clientes['municipio'] =
df_clientes['municipio'].str.strip().str.upper()

df_clientes['estado'] = df_clientes['estado'].str.upper()
```

Essa base contém:

- id_cliente

- nome

- municipio

- estado

Etapa 4: merge inteligente

Como não temos o código IBGE na base interna, o merge será feito por município e estado:

python

```python
df_enriquecido = pd.merge(
    df_clientes,
    df_publico,
    on=['municipio', 'estado'],
    how='left'
)
```

Esse how='left' garante que todos os clientes sejam mantidos, mesmo que não exista correspondência no dataset público. Os campos de enriquecimento serão adicionados apenas quando o par município/estado coincidir.

Após o merge, validamos:

python

```python
df_enriquecido['populacao'] =
df_enriquecido['populacao'].fillna(0).astype(int)
```

Também é possível calcular indicadores derivados:

python

```
df_enriquecido['densidade_ajustada'] =
df_enriquecido['populacao'] / 1000
```

Tal modelo de enriquecimento permite segmentar clientes por regiões de alta ou baixa densidade populacional, por exemplo.

Etapa 5: persistência do resultado

O DataFrame final pode ser salvo como Parquet para posterior uso:

python

```
df_enriquecido.to_parquet("clientes_enriquecidos.parquet",
index=False)
```

Ou exportado para banco relacional:

python

```
import sqlalchemy

engine = sqlalchemy.create_engine("postgresql://
usuario:senha@host:5432/banco")

df_enriquecido.to_sql("clientes_enriquecidos", con=engine,
if_exists="replace", index=False)
```

Resolução de Erros Comuns

Erro: KeyError: 'codigo_ibge'
Causa provável: coluna não existe ou mal escrita

Solução: conferir nomes exatos das colunas após read_csv com df.columns

Erro: ValueError: Cannot convert NA to integer
Causa provável: tentativa de converter nulos em int
Solução: preencher com .fillna(0) antes do .astype(int)

Erro: Merge resultando em muitos nulos
Causa provável: nomes de município com grafia ou acento diferentes
Solução: normalizar acentos com unidecode e revisar casos especiais manualmente

Erro: sqlalchemy.exc.OperationalError
Causa provável: problema de autenticação ou banco indisponível
Solução: testar a conexão separadamente e revisar credenciais

Boas Práticas

- Padronizar todos os campos antes do merge

- Validar chaves de junção com .dropna() e .str.strip()

- Fazer merge apenas após revisão de cardinalidade

- Versionar datasets públicos localmente com controle de data

- Adicionar campos derivados que ampliem o valor do dado original

Expansões Possíveis

- Datasets abertos com dados socioeconômicos, educacionais, sanitários

- Serviços de geocodificação pública (CEP → município)

- Processos de scoring regional baseado em dados IBGE, CENSO, IPCA

- Dashboards que comparam comportamento de usuários por região

- Sistemas de recomendação geográficos e rotas logísticas

Resumo Estratégico

Enriquecer dados internos com bases públicas é uma estratégia poderosa e de baixo custo para elevar a qualidade da informação. Este pipeline mostra como importar, padronizar e integrar dados abertos de forma estruturada e segura, permitindo análises mais completas e decisões mais bem fundamentadas. O merge inteligente entre bases exige atenção técnica — mas quando bem executado, transforma dados simples em inteligência acionável. Em um cenário onde dados públicos estão cada vez mais disponíveis, saber usá-los corretamente é diferencial competitivo.

CAPÍTULO 11. PIPELINE 08 – NORMALIZAÇÃO DE SCHEMAS PARA SNOWFLAKE

Ambientes de dados modernos dependem de integridade, consistência e padronização para garantir performance e interoperabilidade entre fontes. Quando dados brutos são ingeridos de diferentes sistemas — sejam arquivos, APIs ou bancos legados — é comum encontrar esquemas heterogêneos, colunas com nomes ambíguos, tipos inconsistentes e formatos não padronizados. Snowflake, como um dos principais data warehouses em nuvem, exige precisão estrutural para operar com eficiência. A correta normalização de schemas é um passo crítico antes de qualquer carga em ambientes produtivos.

Apresentaremos um pipeline completo de normalização de schemas, com foco em transformar uma base heterogênea em uma tabela pronta para carga no Snowflake. O processo inclui padronização de nomes, coerção de tipos, mapeamento de colunas, limpeza semântica e persistência via conector oficial Python + SQLAlchemy.

Objetivo do Pipeline

- Carregar um dataset bruto com colunas em formatos variados

- Padronizar nomes de colunas para snake_case, sem espaços, sem acentos

- Forçar tipagem consistente por domínio de dado

- Corrigir formatos de datas, números e campos categóricos

- Persistir a tabela com schema definido no Snowflake

O fluxo descrito, resolve o gargalo mais comum em cargas falhas para data warehouses: incompatibilidade de estrutura.

Etapa 1: carregamento do dataset bruto

Para simulação, utilizamos um arquivo CSV contendo colunas como:

- Nome Completo, e-mail, Idade, Data de Cadastro, Valor Mensal

python
```python
import pandas as pd


df_raw = pd.read_csv("clientes_brutos.csv")
```

A inspeção do schema inicial revela:

python
```python
print(df_raw.dtypes)
```

csharp
```csharp
Nome Completo     object
```

e-mail   object

Idade   float64

Data de Cadastro   object

Valor Mensal   object

Esse schema é problemático para carga em Snowflake: nomes de colunas inválidos, tipos ambíguos e datas como string.

Etapa 2: padronização dos nomes de colunas

Para compatibilidade com Snowflake, os nomes das colunas devem ser limpos e convertidos para snake_case.

python

```
import unidecode

def normalizar_coluna(col):
    col = unidecode.unidecode(col)  # remove acentos
    col = col.strip().lower()       # caixa baixa
    col = col.replace(" ", "_")     # espaços para underscore
    col = col.replace("-", "_")
    return col

df_raw.columns = [normalizar_coluna(c) for c in df_raw.columns]
```

Resultado esperado:

css

['nome_completo', 'email', 'idade', 'data_de_cadastro', 'valor_mensal']

Etapa 3: tipagem e coerção de campos

Conversão de tipos numéricos

python

```python
df_raw['idade'] = pd.to_numeric(df_raw['idade'], errors='coerce').fillna(0).astype(int)
```

Conversão de datas

python

```python
df_raw['data_de_cadastro'] = pd.to_datetime(df_raw['data_de_cadastro'], errors='coerce')
```

Limpeza de valores monetários

python

```python
df_raw['valor_mensal'] = df_raw['valor_mensal'].str.replace('R$', '', regex=False).str.replace(',', '.').str.strip()

df_raw['valor_mensal'] = pd.to_numeric(df_raw['valor_mensal'], errors='coerce').fillna(0)
```

Etapa 4: schema final desejado

Com os dados tratados, temos:

python

```python
df_final = df_raw[[
    'nome_completo',
    'email',
```

```
'idade',
'data_de_cadastro',
'valor_mensal'
]]
```

Cada coluna agora segue um padrão específico:

- nome_completo: **texto limpo**

- email: **texto validado (sem nulos)**

- idade: **inteiro**

- data_de_cadastro: **datetime64**

- valor_mensal: **float**

As tipagens são diretamente compatíveis com o Snowflake.

Etapa 5: persistência no Snowflake

Para conectar ao Snowflake via Python, utilizamos o driver oficial com SQLAlchemy:

bash

```
pip install snowflake-connector-python snowflake-sqlalchemy
```

A string de conexão assume a forma:

python

```
from sqlalchemy import create_engine
```

```python
engine = create_engine(
    'snowflake://{usuario}:{senha}
@{conta}.snowflakecomputing.com/{database}/{schema}?
warehouse={warehouse}&role={role}'
)
```

Exemplo prático com variáveis:

python

```python
engine = create_engine(
    'snowflake://
usuario:senha@xy12345.snowflakecomputing.com/
MEUBANCO/PRINCIPAL?
warehouse=WH_ETL&role=ETL_ROLE'
)
```

Com o engine configurado, gravamos:

python

```python
df_final.to_sql('clientes_normalizados', con=engine,
if_exists='replace', index=False)
```

Etapa 6: validação do schema no Snowflake

Após a carga, validamos o schema com:

sql

```sql
DESC TABLE clientes_normalizados;
```

Verificamos os tipos, nulos permitidos, ordem das colunas e

quantidade de registros com:

sql

SELECT COUNT(*) FROM clientes_normalizados;

Para consultas específicas:

sql

SELECT nome_completo, valor_mensal FROM clientes_normalizados WHERE idade > 60;

Resolução de Erros Comuns

Erro: sqlalchemy.exc.ProgrammingError: SQL compilation error
Causa provável: nomes de colunas inválidos ou tipos incompatíveis
Solução: aplicar padronização com snake_case, sem espaços ou caracteres especiais

Erro: TypeError: Object of type Timestamp is not JSON serializable
Causa provável: tentativa de persistir datetime sem tratamento
Solução: garantir uso de datetime64[ns] com pd.to_datetime()

Erro: snowflake.connector.errors.DatabaseError: 001003 (42000)
Causa provável: warehouse ou role não autorizado
Solução: revisar política de acesso e parâmetros de conexão

Erro: UnicodeEncodeError ao gravar texto
Causa provável: valores com caracteres especiais sem encoding adequado
Solução: aplicar .str.normalize() ou configurar encoding='utf-8' no CSV de origem

Boas Práticas

- Padronizar nomes de colunas para snake_case e compatibilidade SQL

- Validar e tipar todas as colunas antes da carga

- Remover ou tratar campos nulos e inválidos

- Mapear manualmente campos críticos de schema

- Usar variáveis de ambiente para a string de conexão

Expansões Possíveis

- Processos de staging + transformação incremental

- Scripts de validação com dbt após a carga

- Orquestração com Airflow e monitoramento com logs de metadados

- Políticas de versionamento de tabelas e schemas

- Controle de schema drift com comparação automatizada

Resumo Estratégico

A normalização de schemas é uma etapa essencial para garantir a integridade e eficiência dos pipelines de carga para Snowflake. Este modelo organiza um processo completo de padronização, coerção de tipos e persistência segura. Ao seguir esse padrão, evitamos falhas silenciosas, garantimos compatibilidade com ambientes analíticos e aceleramos o desenvolvimento de fluxos escaláveis. Schema limpo é base de governança — e governança começa no pipeline.

CAPÍTULO 12. PIPELINE 09 – STREAMING COM KAFKA E ESCRITA SQL

O paradigma de processamento em streaming é essencial para operações que exigem ingestão e reação em tempo real. Ao invés de processar dados em lotes, o modelo de streaming permite capturar eventos à medida que ocorrem, transformá-los e persistir com baixa latência. Um dos pilares dessa arquitetura é o Apache Kafka — um sistema de mensageria distribuída que permite a publicação e o consumo contínuo de mensagens em tópicos.

Vamos construir um pipeline funcional de consumo de dados em tempo real via Kafka e gravação incremental em banco SQL. O objetivo é permitir que eventos gerados por sistemas externos (transações, cliques, logs, sensores) sejam lidos continuamente, estruturados e salvos em uma base relacional com confiabilidade.

Esse modelo é base para arquiteturas event-driven, integrações entre sistemas desacoplados e persistência de dados sensíveis ao tempo, como transações financeiras, alertas operacionais, telemetria de IoT e rastreamento de usuários.

Objetivo do Pipeline

- Conectar a um tópico Kafka existente

- Ler mensagens em tempo real com consumidor persistente

- Decodificar, validar e estruturar os dados recebidos

- Persistir os registros válidos em um banco relacional SQL

- Manter execução contínua, com controle de falhas e offset

A implementação será feita em Python, utilizando as bibliotecas kafka-python e SQLAlchemy.

Etapa 1: configuração do consumidor Kafka

Instalamos a biblioteca com:

bash

```
pip install kafka-python
```

Configuramos o consumidor com identificação de grupo e início a partir do último offset:

python

```
from kafka import KafkaConsumer
import json

consumer = KafkaConsumer(
    'eventos_usuario',
    bootstrap_servers='localhost:9092',
    group_id='grupo_pipeline_sql',
    value_deserializer=lambda m: json.loads(m.decode('utf-8')),
    auto_offset_reset='latest',
    enable_auto_commit=True
```

)

Etapa 2: estrutura das mensagens

Suponha que cada mensagem publicada no tópico contenha:

json

```
{
  "id_usuario": 123,
  "evento": "login",
  "timestamp": "2025-04-20T12:34:56Z"
}
```

A função do consumidor é interpretar essa estrutura, validar os campos e armazenar em banco com o menor delay possível.

Etapa 3: estrutura de persistência

Criamos uma tabela relacional com as colunas:

- id_usuario (inteiro)

- evento (texto)

- timestamp (datetime)

Usamos SQLAlchemy para conexão e escrita:

python

```
from sqlalchemy import create_engine
import pandas as pd
```

```python
engine = create_engine("sqlite:///eventos.db")
```

Para ambientes de produção, substitua por um PostgreSQL, MySQL ou outro RDBMS:

python

```python
# PostgreSQL (exemplo)
# engine = create_engine("postgresql://usuario:senha@host:5432/banco")
```

Etapa 4: consumo contínuo e inserção no banco

Implementamos o loop principal do pipeline:

python

```python
for mensagem in consumer:
    try:
        payload = mensagem.value
        df = pd.DataFrame([payload])
        df['timestamp'] = pd.to_datetime(df['timestamp'], errors='coerce')
        df.to_sql('eventos_usuario', con=engine, index=False, if_exists='append')
        print(f"Evento salvo: {payload}")
    except Exception as e:
        print(f"Erro ao processar mensagem: {e}")
```

Esse fluxo:

- Converte cada mensagem em DataFrame

- Aplica tipagem segura ao timestamp

- Persiste a linha na tabela com append

- Loga sucesso ou erro da operação

A execução ocorre de forma contínua e reativa, processando novos eventos assim que publicados.

Etapa 5: paralelismo e resiliência

Para produção, recomenda-se:

- Executar o pipeline como processo de sistema (daemon ou container)

- Dividir tópicos em múltiplas partições e utilizar múltiplos consumidores no mesmo grupo

- Monitorar o lag do consumidor (offsets atrasados)

- Persistir logs de erro para debugging

O Kafka garante entrega "at least once" por padrão. Para evitar duplicações, é possível implementar deduplicação baseada em id_usuario + timestamp.

Resolução de Erros Comuns

Erro: kafka.errors.NoBrokersAvailable
Causa provável: servidor Kafka offline ou endereço incorreto
Solução: verificar bootstrap_servers e se o Kafka está executando

Erro: json.decoder.JSONDecodeError
Causa provável: mensagem no tópico não está em JSON válido
Solução: validar produtor e adicionar bloco try/except no deserializer

Erro: pandas.errors.ParserError em timestamp
Causa provável: formato de data inconsistente ou corrompido
Solução: usar pd.to_datetime(..., errors='coerce') e descartar nulos

Erro: sqlalchemy.exc.OperationalError
Causa provável: conexão com banco perdida
Solução: revalidar engine antes de cada operação ou usar pool

Boas Práticas

- Consumidor com deserialização segura e validação de esquema

- Tipagem explícita para garantir consistência de persistência

- Escrita transacional com fallback em erro

- Manutenção de loop contínuo com logs legíveis

- Compatibilidade com múltiplos bancos via SQLAlchemy

Expansões Possíveis

Este pipeline pode ser acoplado a:

- Transmissão de eventos em múltiplos tópicos simultâneos

- Transformações inline antes da escrita (ex: classificação de eventos)

- Notificações reativas com base em padrões detectados

- Publicação de métricas de consumo (eventos/s, erros/s) em Prometheus

- Persistência em bancos analíticos ou timeseries

Resumo Estratégico

A combinação entre Kafka e banco SQL representa a ponte entre eventos em tempo real e repositórios estruturados. Este pipeline oferece um modelo funcional para capturar, validar e gravar mensagens com confiabilidade, permitindo que dados transacionais, operacionais ou sensoriais sejam incorporados aos sistemas analíticos em minutos ou segundos. Em arquiteturas event-driven, esse padrão é a base para rastreabilidade, automação e análise em tempo real. Engenharia moderna exige ingestão contínua — e isso começa no tópico.

CAPÍTULO 13. PIPELINE 10 – VALIDAÇÃO E QUALIDADE DE DADOS

A qualidade dos dados é um fator decisivo para o sucesso de qualquer operação analítica ou sistema baseado em informação. Dados incompletos, inconsistentes, fora de padrão ou corrompidos comprometem relatórios, modelos de machine learning, decisões gerenciais e até mesmo a segurança de sistemas. Um pipeline que ingere e transforma dados sem aplicar regras de validação explícitas é tecnicamente irresponsável e operacionalmente frágil.

Este módulo apresenta um pipeline técnico e modular para validação e monitoramento da qualidade de dados. Serão aplicadas regras explícitas de checagem, geração de métricas e alertas de conformidade. A estrutura é compatível com bases locais, bancos relacionais e pode ser estendida para ferramentas como Great Expectations, dbt ou customizada com lógica Python/Pandas.

Objetivo do Pipeline

- Carregar uma base de dados de origem (CSV ou tabela SQL)

- Aplicar regras de validação: nulidade, duplicidade, intervalos, padrões

- Gerar métricas de qualidade e percentual de conformidade

- Registrar os resultados em log ou banco de auditoria

- Opcionalmente, enviar alertas por e-mail, log ou webhook

Tal fluxo é fundamental para garantir que os dados processados atendam aos requisitos mínimos de confiabilidade e possam ser usados com segurança em análises, dashboards ou modelos.

Etapa 1: carregamento dos dados

Para fins didáticos, vamos simular uma base de usuários:

python

```
import pandas as pd


df = pd.read_csv("usuarios.csv")
```

A base contém:

- id_usuario: identificador único

- email: endereço eletrônico

- idade: idade declarada

- data_cadastro: data de registro

- ativo: flag booleana

Etapa 2: definição de regras de qualidade

As principais dimensões de qualidade que vamos monitorar:

- **Completude:** campos obrigatórios devem estar preenchidos

- **Validade:** valores devem respeitar padrões (e-mail, data, faixa de idade)

- **Unicidade:** chaves primárias não devem se repetir

- **Consistência:** coerência interna entre campos

- **Conformidade:** alinhamento com padrões de domínio

Etapa 3: checagem de completude

python

```python
completude = df[['id_usuario', 'email', 'idade']].notnull().mean() *
100
```

O cálculo retorna o percentual de preenchimento por coluna.

Etapa 4: checagem de validade

E-mails válidos (presença de "@" e ".")

python

```python
df['email_valido'] = df['email'].str.contains(r"[^@]+@[^@]+\.[^@]
+", na=False)
```

Idade em faixa aceitável (0 a 120)

python

```python
df['idade_valida'] = df['idade'].between(0, 120)
```

Data de cadastro coerente (não futura)

python

```
df['data_cadastro'] = pd.to_datetime(df['data_cadastro'],
errors='coerce')

df['data_valida'] = df['data_cadastro'] <= pd.Timestamp.today()
```

Etapa 5: checagem de unicidade

python

```
total = len(df)

duplicados = df.duplicated(subset=['id_usuario']).sum()

unicidade = 100 * (1 - duplicados / total)
```

Etapa 6: métrica geral de qualidade

python

```
df['registro_valido'] = (
    df['email_valido'] &
    df['idade_valida'] &
    df['data_valida'] &
    df['id_usuario'].notnull()
)


qualidade_global = 100 * df['registro_valido'].mean()
```

Essa métrica representa o percentual de registros que atendem a todas as regras críticas de integridade.

Etapa 7: geração de relatório

Criamos uma estrutura para registrar os resultados:

python

```python
relatorio = {
    "completude_id_usuario": completude['id_usuario'],
    "completude_email": completude['email'],
    "completude_idade": completude['idade'],
    "unicidade_id_usuario": unicidade,
    "qualidade_global": qualidade_global
}
```

Esse dicionário pode ser exportado para JSON, CSV ou armazenado em uma tabela de auditoria.

python

```python
pd.DataFrame([relatorio]).to_csv("relatorio_qualidade.csv",
index=False)
```

Etapa 8: alertas e acionamento

Com base nas métricas, podemos configurar limites e enviar alertas:

python

```python
if qualidade_global < 90:
    print("ALERTA: qualidade de dados abaixo do aceitável")
```

Em ambientes produtivos, esse alerta pode ser enviado via email, Slack ou webhook:

python

```
# webhook ou e-mail (exemplo conceitual)
# requests.post(url_webhook, json=relatorio)
```

Etapa 9: persistência dos registros válidos

Se necessário, persistimos apenas os registros aprovados:

python

```
df_validos = df[df['registro_valido']].copy()
df_validos.to_csv("usuarios_validados.csv", index=False)
```

Resolução de Erros Comuns

Erro: KeyError: 'email'
Causa provável: nome de coluna não padronizado ou ausente
Solução: validar nomes com df.columns e padronizar entrada

Erro: ValueError ao converter data
Causa provável: datas com formatos diferentes
Solução: usar errors='coerce' em pd.to_datetime

Erro: RuntimeWarning em operação booleana
Causa provável: presença de NaN em colunas booleanas
Solução: preencher nulos com .fillna(False) se necessário

Erro: divisão por zero em métricas de duplicidade
Causa provável: DataFrame vazio ou sem colunas-chave
Solução: checar len(df) > 0 antes do cálculo

Boas Práticas

- Validar estrutura mínima da base antes de aplicar regras

- Usar between, notnull, str.contains para expressividade

- Modularizar regras em funções nomeadas para reutilização

- Consolidar métricas em dicionários ou DataFrames

- Automatizar acionamento de alertas com base em thresholds

Expansões Possíveis

- Great Expectations para validação declarativa

- Airflow para execução agendada com registro de resultados

- Logs estruturados de execuções com metadata

- Dashboards de qualidade com séries históricas por dataset

- Integração com testes unitários e validações pré-carga

Resumo Estratégico

Validar dados não é um extra — é uma obrigação técnica. O pipeline apresenta uma estrutura clara e replicável para aplicar regras de qualidade, medir a integridade dos dados e tomar decisões baseadas em conformidade. Ao implementar esse modelo em seus fluxos de ingestão e transformação, sua equipe reduz falhas, aumenta a confiança nos outputs analíticos e cria uma base sólida para governança. Pipeline confiável começa na validação.

CAPÍTULO 14. PIPELINE 11 – GERAÇÃO AUTOMÁTICA DE RELATÓRIOS SQL

Automatizar a geração e distribuição de relatórios é uma prática essencial em operações analíticas com maturidade técnica. Em vez de depender de execuções manuais ou geração sob demanda, pipelines que extraem dados com base em queries SQL predefinidas e os entregam diretamente ao destino (como e-mail, pasta de rede, FTP ou API) otimizam tempo, reduzem erros humanos e aumentam a frequência de atualização dos indicadores de negócio. Este capítulo apresenta um pipeline funcional para gerar relatórios via SQL, exportá-los em formato tabular e enviá-los automaticamente por e-mail com agendamento controlado.

O modelo aqui apresentado é altamente replicável e pode ser integrado a qualquer ambiente de dados com acesso a banco relacional e servidor SMTP. A estrutura modular garante flexibilidade para adaptar tanto a query quanto o modelo de entrega.

Objetivo do Pipeline

- Executar uma consulta SQL em banco relacional

- Transformar o resultado em um relatório tabular (Excel ou

CSV)

- Enviar o arquivo por e-mail para destinatários predefinidos

- Controlar o processo por agendamento automatizado

Esse modelo de pipeline é utilizado, por exemplo, para geração de relatórios de vendas diárias, movimentações de estoque, acessos a sistemas, resumo de transações financeiras ou qualquer indicador que dependa de dados atualizados.

Etapa 1: definição da query SQL

O primeiro passo é definir a consulta que será executada regularmente. Suponha que desejamos gerar um relatório com o total de novos usuários cadastrados por dia nos últimos sete dias:

sql

```
SELECT
   DATE(data_cadastro) AS data,
   COUNT(*) AS total_usuarios
FROM usuarios
WHERE data_cadastro >= CURRENT_DATE - INTERVAL '7 days'
GROUP BY 1
ORDER BY 1;
```

A query pode ser salva em um arquivo .sql para facilitar versionamento e manutenção.

Etapa 2: execução da query via Python

Utilizaremos pandas com sqlalchemy para conexão e extração:

python

```python
import pandas as pd
from sqlalchemy import create_engine

engine = create_engine("postgresql://
usuario:senha@host:5432/banco")

query = open('relatorio_usuarios.sql').read()
df = pd.read_sql_query(query, engine)
```

Esse DataFrame representa o conteúdo bruto do relatório.

Etapa 3: exportação do relatório

O relatório pode ser gerado como Excel ou CSV. Exemplo com Excel:

python

```python
nome_arquivo = "relatorio_usuarios.xlsx"
df.to_excel(nome_arquivo, index=False)
```

Para CSV:

python

```python
df.to_csv("relatorio_usuarios.csv", index=False)
```

Etapa 4: envio automático por e-mail

Utilizamos a biblioteca smtplib do Python para o envio de e-mail com anexo:

python

```python
import smtplib
from email.message import EmailMessage

msg = EmailMessage()
msg['Subject'] = "Relatório de Usuários - Últimos 7 dias"
msg['From'] = "relatorios@empresa.com"
msg['To'] = ["dados@empresa.com"]

msg.set_content("Segue em anexo o relatório de usuários
cadastrados nos últimos 7 dias.")

with open(nome_arquivo, 'rb') as f:
    file_data = f.read()
    file_name = f.name

msg.add_attachment(file_data, maintype='application',
subtype='octet-stream', filename=file_name)

with smtplib.SMTP('smtp.servidor.com', 587) as smtp:
    smtp.starttls()
    smtp.login('relatorios@empresa.com', 'senha')
    smtp.send_message(msg)
```

O trecho descrito, envia o relatório de forma automatizada para a caixa de entrada dos destinatários definidos.

Etapa 5: agendamento da execução

O pipeline pode ser executado diariamente por meio de agendadores como:

cron (Linux):

bash

```
0 7 * * * /usr/bin/python3 /caminho/gerar_relatorio.py
```

Airflow:

python

```
from airflow import DAG

from airflow.operators.python_operator import PythonOperator

from datetime import datetime


def executar_pipeline():
    # colocar aqui o código completo da execução da query, exportação e envio


with DAG(dag_id='gerar_relatorio_diario', start_date=datetime(2025, 4, 21), schedule_interval='0 7 * * *') as dag:
    gerar = PythonOperator(
        task_id='executar_pipeline_relatorio',
```

```
    python_callable=executar_pipeline
)
```

Etapa 6: validação e rastreamento

Após cada execução, recomenda-se registrar logs com:

- Status do envio (sucesso ou falha)

- Número de registros retornados

- Timestamp da execução

- Nome do arquivo gerado

Os registros podem ser mantidos em um CSV, banco de log ou enviados a um sistema de observabilidade.

python

```
import logging

logging.basicConfig(filename='execucao_relatorio.log',
level=logging.INFO)
logging.info(f"Execução em {pd.Timestamp.now()}: {len(df)}
linhas enviadas")
```

Resolução de Erros Comuns

Erro: sqlalchemy.exc.OperationalError: could not connect to server
Causa provável: parâmetros incorretos na string de conexão
Solução: revisar host, porta e credenciais de acesso

Erro: FileNotFoundError: relatorio_usuarios.sql

Causa provável: caminho incorreto para o arquivo de query
Solução: validar o caminho ou usar caminho absoluto

Erro: smtplib.SMTPAuthenticationError
Causa provável: senha incorreta ou servidor exige autenticação segura
Solução: habilitar autenticação de app seguro ou usar token SMTP

Erro: ValueError: Columns must be same length as key
Causa provável: estrutura inesperada no DataFrame retornado
Solução: revisar a query SQL e garantir que todas as colunas estão nomeadas

Boas Práticas

- Manter a query SQL separada em arquivo versionado

- Tratar exceções com mensagens claras e logs de erro

- Testar a conexão de e-mail separadamente do pipeline de dados

- Gerar logs legíveis e reutilizáveis para auditoria

- Usar agendamento via Airflow em ambientes de múltiplos relatórios

Expansões Possíveis

- Enviar o mesmo relatório para múltiplos públicos com filtros personalizados

- Armazenar o histórico dos relatórios em bucket S3 ou diretório versionado

- Transformar o pipeline em microsserviço acessível por API

- Usar templates Jinja para personalização do corpo do e-mail

- Acoplar notificações de falha por webhook ou mensageria

Resumo Estratégico

Automatizar a geração de relatórios SQL e seu envio por e-mail representa uma das formas mais eficientes de entregar valor operacional com dados. Este pipeline encapsula extração, transformação leve, persistência em arquivo e entrega digital — tudo com controle, rastreabilidade e agendamento. Ao aplicar esse padrão, as equipes reduzem tarefas manuais, padronizam entregas recorrentes e criam uma cultura de dados orientada por automação. Relatórios não devem depender de cliques — eles devem chegar prontos.

CAPÍTULO 15. PIPELINE 12 – WEB SCRAPING COM SCRAPY + CARGA SQL

Capturar dados diretamente de sites públicos é uma prática cada vez mais comum em operações de dados. Muitos conteúdos estratégicos não estão disponíveis via API ou exportação direta, e a única forma viável de obtenção estruturada é via web scraping. Quando realizado com ferramentas apropriadas, como o framework **Scrapy**, é possível automatizar a extração de grandes volumes de dados da web, aplicar transformações em tempo real e persistir os resultados em bancos relacionais para análise posterior.

Este capítulo apresenta um pipeline completo baseado em Scrapy, que realiza o crawling de dados de páginas web, aplica limpeza e normalização no próprio fluxo do spider, e grava os dados estruturados em uma tabela SQL. Trata-se de um modelo poderoso, extensível e aplicável em diversos contextos como monitoramento de preços, agregação de conteúdo, análise de concorrência, coleta de metadados acadêmicos e mais.

Objetivo do Pipeline

- Construir um spider Scrapy funcional para extração de dados de páginas HTML

- Limpar, validar e padronizar os dados capturados

- Persistir os resultados em banco relacional utilizando SQLAlchemy

- Garantir modularidade, legibilidade e controle de execução

O modelo foca em aplicações práticas com dados públicos acessíveis, respeitando os termos de uso dos sites e com foco técnico em engenharia de extração web.

Etapa 1: estrutura do projeto Scrapy

Instalação:

bash

```
pip install scrapy sqlalchemy
```

Criação do projeto:

bash

```
scrapy startproject scraping_pipeline
cd scraping_pipeline
```

Dentro do diretório do projeto, definimos um spider com:

bash

```
scrapy genspider produtos_site exemplo.com
```

Etapa 2: implementação do spider

No arquivo produtos_site.py, construímos o crawler para coletar nome e preço de produtos em uma página HTML de e-commerce, por exemplo:

python

```
import scrapy

class ProdutosSpider(scrapy.Spider):
    name = "produtos_site"
    start_urls = ['https://exemplo.com/produtos']

    def parse(self, response):
        for produto in response.css('div.card-produto'):
            yield {
                'nome': produto.css('h2.titulo::text').get().strip(),
                'preco':
produto.css('span.preco::text').get().replace('R$', '').strip()
            }
```

O spider percorre todos os elementos com a classe card-produto, extrai o nome e o preço, e retorna como dicionário.

Etapa 3: limpeza e normalização

O campo preco retornado como string deve ser transformado em float, com remoção de símbolos:

python

```
def parse(self, response):
    for produto in response.css('div.card-produto'):
        preco_bruto = produto.css('span.preco::text').get()
        preco = preco_bruto.replace('R$', '').replace(',', '.').strip()
```

```python
try:
    preco = float(preco)
except:
    preco = None

yield {
    'nome': produto.css('h2.titulo::text').get().strip(),
    'preco': preco
}
```

Etapa 4: configuração do pipeline de persistência

No arquivo settings.py, ativamos o pipeline personalizado:

python

```python
ITEM_PIPELINES = {
    'scraping_pipeline.pipelines.SqlPipeline': 300,
}
```

No módulo pipelines.py, implementamos:

python

```python
import sqlalchemy
from sqlalchemy import create_engine
import pandas as pd

class SqlPipeline:
    def open_spider(self, spider):
```

```python
        self.items = []

    def close_spider(self, spider):
        df = pd.DataFrame(self.items)
        df['preco'] = pd.to_numeric(df['preco'], errors='coerce')
        engine = create_engine('sqlite:///produtos.db')
        df.to_sql('produtos_scrap', con=engine, if_exists='replace',
index=False)

    def process_item(self, item, spider):
        self.items.append(item)
        return item
```

Este pipeline coleta os dados em memória e, ao final da execução, grava todos em uma tabela SQL.

Etapa 5: execução do scraping

Executamos o spider com:

bash

```bash
scrapy crawl produtos_site
```

Ao término, a tabela produtos_scrap será criada no banco SQLite com os dados capturados.

Etapa 6: inspeção e uso dos dados

Abrimos conexão com o banco e validamos os dados:

python

```
import pandas as pd

df = pd.read_sql("SELECT * FROM produtos_scrap", "sqlite:///
produtos.db")

print(df.head())
```

A tabela pode ser utilizada diretamente em dashboards, relatórios, modelos de precificação, comparação entre sites, etc.

Resolução de Erros Comuns

Erro: ModuleNotFoundError: No module named 'scrapy'
Causa provável: biblioteca não instalada
Solução: instalar com pip install scrapy

Erro: AttributeError: 'NoneType' object has no attribute 'strip'
Causa provável: elemento HTML ausente
Solução: verificar se o seletor retorna resultado antes de aplicar .strip()

Erro: ValueError ao converter preço
Causa provável: valor com texto inesperado (ex: 'ESGOTADO')
Solução: tratar exceções no parsing de preço

Erro: sqlalchemy.exc.OperationalError
Causa provável: caminho de banco inválido ou permissão negada
Solução: validar string de conexão ou permissões no diretório

Boas Práticas

- Isolar lógica de scraping da persistência com pipeline separado

- Validar e limpar campos ainda dentro do spider

- Usar Pandas para transformação vetorizada antes da carga

- Armazenar os dados com tipagem explícita e sem nulos soltos

- Garantir legibilidade dos logs de execução para debugging

Expansões Possíveis

- Adicionar paginação automática ao spider

- Gravar timestamp da coleta junto com cada registro

- Acoplar o pipeline a agendadores para execução periódica

- Exportar os dados coletados para um bucket na nuvem ou banco analítico

- Integrar o spider com proxy rotativo e controle de user-agent

Resumo Estratégico

Web scraping com Scrapy é uma ferramenta poderosa para obter dados estruturados diretamente da web. Este pipeline exemplifica como capturar informações de forma automatizada, aplicar transformações em tempo real e persistir os resultados em SQL de forma controlada e reaproveitável. Ao aplicar essa técnica, engenheiros de dados ampliam sua capacidade de acessar fontes não tradicionais, gerar relatórios dinâmicos e alimentar pipelines com dados que antes eram inacessíveis. Dados não estruturados só têm valor quando processados — e Scrapy é o elo entre a web e o seu banco.

CAPÍTULO 16. PIPELINE 13 – INTEGRAÇÃO COM GOOGLE SHEETS

O uso de planilhas online como fonte de dados é uma realidade consolidada em fluxos de trabalho colaborativos. O Google Sheets, em especial, tornou-se padrão de fato em muitas equipes para gestão de pequenos dados operacionais, controle de tarefas, registros temporários e validações externas. Quando integradas a pipelines automatizados, essas planilhas se transformam em fontes dinâmicas para ingestão, análise e persistência em bancos relacionais. A capacidade de acessar e extrair dados diretamente da nuvem com segurança e padronização é uma habilidade essencial na engenharia de dados moderna.

Apresentaremos, nesta fase, um pipeline técnico de integração com Google Sheets utilizando a API oficial do Google. A implementação cobre autenticação, leitura da planilha, transformação dos dados com Pandas e gravação final em uma base relacional. Trata-se de um modelo leve, rápido de implementar e amplamente aplicável em contextos corporativos e educacionais.

Objetivo do Pipeline

- Autenticar com a API do Google Sheets via credenciais de serviço

- Acessar uma planilha específica e extrair seus dados

- Transformar os dados em um DataFrame com tipos consistentes

- Realizar limpeza e validação básica

- Persistir os dados em um banco SQL relacional para consumo analítico

O pipeline simula um cenário comum: ingestão de registros de clientes ou contatos gerenciados por uma equipe operacional em uma planilha colaborativa.

Etapa 1: configuração do projeto e credenciais

Para utilizar a API do Google Sheets, é necessário:

1. Criar um projeto no Google Cloud Console

2. Ativar a API Google Sheets e API Google Drive

3. Criar uma chave de serviço (Service Account)

4. Compartilhar a planilha com o e-mail do serviço (ex: etl-service@meuprojeto.iam.gserviceaccount.com)

A chave gerada será um arquivo .json que deve ser mantido seguro e referenciado no código.

Etapa 2: instalação das dependências

Instale as bibliotecas necessárias:

bash

```
pip install gspread pandas sqlalchemy gspread_dataframe
oauth2client
```

Etapa 3: autenticação e conexão

Autenticamos com gspread usando as credenciais de serviço:

python

```
import gspread
from oauth2client.service_account import
ServiceAccountCredentials


scope = ['https://spreadsheets.google.com/feeds', 'https://
www.googleapis.com/auth/drive']
credentials =
ServiceAccountCredentials.from_json_keyfile_name('credencia
is.json', scope)
gc = gspread.authorize(credentials)
```

Etapa 4: leitura da planilha

Abrimos a planilha pelo nome ou URL:

python

```
spreadsheet = gc.open("BaseClientes")
worksheet = spreadsheet.worksheet("Página1")
dados = worksheet.get_all_records()
```

Transformamos os dados em DataFrame:

python

```
import pandas as pd
df = pd.DataFrame(dados)
```

Etapa 5: limpeza e transformação

Padronizamos nomes de colunas:

python

```python
df.columns = [col.strip().lower().replace(' ', '_') for col in df.columns]
```

Convertendo tipos:

python

```python
df['idade'] = pd.to_numeric(df['idade'], errors='coerce').fillna(0).astype(int)

df['data_cadastro'] = pd.to_datetime(df['data_cadastro'], errors='coerce')
```

Remoção de registros incompletos:

python

```python
df = df.dropna(subset=['nome', 'email'])
```

Etapa 6: persistência em banco relacional

Gravamos os dados em um banco local para simulação:

python

```python
from sqlalchemy import create_engine

engine = create_engine("sqlite:///clientes_gsheets.db")

df.to_sql('clientes_planilha', con=engine, if_exists='replace', index=False)
```

Para bancos como PostgreSQL:

python

```
# engine = create_engine("postgresql://
usuario:senha@host:5432/banco")
```

Resolução de Erros Comuns

Erro: gspread.exceptions.APIError: PERMISSION_DENIED
Causa provável: a planilha não está compartilhada com o e-mail
da service account
Solução: compartilhar com permissão de leitura

Erro: FileNotFoundError: credenciais.json
Causa provável: caminho incorreto para o arquivo de credenciais
Solução: revisar a localização do arquivo .json e usar caminho
absoluto se necessário

Erro: ValueError: could not convert string to float
Causa provável: campo com caracteres alfanuméricos em coluna
numérica
Solução: aplicar pd.to_numeric(..., errors='coerce')

Erro: sqlalchemy.exc.OperationalError
Causa provável: banco de destino inacessível ou mal configurado
Solução: testar conexão separadamente e revisar parâmetros

Boas Práticas

- Usar autenticação com service account, nunca login direto

- Aplicar validação de tipos antes da persistência

- Nomear colunas com padrão SQL-friendly (snake_case)

- Tratar registros nulos com lógica explícita

- Manter logs de execução e volume de registros processados

Expansões Possíveis

- Transformar o pipeline em função executável em nuvem (ex: Cloud Function)

- Executar diariamente com Airflow ou Cloud Scheduler

- Enviar os dados limpos para dashboards em tempo real

- Integrar com BigQuery como destino final

- Registrar timestamp da coleta para controle histórico

Resumo Estratégico

A integração com Google Sheets permite conectar fontes operacionais descentralizadas ao pipeline analítico centralizado. Este modelo demonstra como autenticar, ler, transformar e persistir dados com confiabilidade e baixo esforço. Ao automatizar esse processo, organizações ganham velocidade, reduzem erros manuais e criam pontes entre áreas técnicas e operacionais. Engenharia de dados não é só sobre big data — é sobre conectar fontes reais ao fluxo de decisão.

CAPÍTULO 17. PIPELINE 14 – DETECÇÃO DE ANOMALIAS COM SCIPY

A detecção de anomalias é uma das tarefas mais estratégicas em pipelines de dados. Identificar registros fora de padrão permite agir sobre falhas operacionais, fraudes, erros de entrada, picos incomuns e comportamentos fora da curva. Ao incorporar essa camada de inteligência em fluxos de ingestão ou transformação, adicionamos uma defesa analítica proativa contra ruídos e desvios que poderiam comprometer análises ou decisões automatizadas.

Neste módulo, vamos construir um pipeline funcional para detecção de outliers utilizando **SciPy** como base estatística, **Pandas** para manipulação dos dados e **SQLAlchemy** para registro em banco. O foco está na identificação automatizada de anomalias com base em distribuições estatísticas, marcação de registros e armazenamento de logs com informações detalhadas sobre os desvios.

Objetivo do Pipeline

- Carregar uma base com valores contínuos (ex: transações, medições, acessos)

- Calcular limites estatísticos com base em distribuição

normal

- Identificar outliers com base no desvio padrão da média

- Marcar os registros anômalos e persistir o log em banco relacional

- Manter o pipeline reaproveitável e parametrizável por métrica

O modelo é ideal para monitoramento de KPIs, auditoria de sistemas, controle de qualidade e detecção preventiva em fluxos produtivos.

Etapa 1: carregamento dos dados

Vamos utilizar como exemplo uma base com valores de transações financeiras:

python

```python
import pandas as pd


df = pd.read_csv("transacoes.csv")
```

Estrutura esperada:

- id_transacao

- cliente

- valor

- data

Verificamos a integridade inicial:

python

```
df = df.dropna(subset=['valor'])
df['valor'] = pd.to_numeric(df['valor'], errors='coerce')
df = df.dropna(subset=['valor'])
```

Etapa 2: cálculo dos limites estatísticos

Usamos SciPy para calcular a média e desvio padrão:

python

```
from scipy import stats

media = df['valor'].mean()
desvio = df['valor'].std()
```

Definimos os limites de tolerância:

python

```
limite_superior = media + 3 * desvio
limite_inferior = media - 3 * desvio
```

Valores fora desse intervalo serão considerados anômalos.

Etapa 3: identificação dos outliers

Criamos uma flag booleana:

python

```
df['anomalia'] = (df['valor'] < limite_inferior) | (df['valor'] >
```

limite_superior)

Filtramos os registros anômalos:

python

```python
df_anomalias = df[df['anomalia'] == True].copy()
```

Adicionamos colunas de contexto:

python

```python
df_anomalias['media_referencia'] = media
df_anomalias['desvio_referencia'] = desvio
df_anomalias['timestamp_execucao'] = pd.Timestamp.now()
```

Etapa 4: persistência do log de anomalias

Gravamos os registros anômalos em uma tabela de log:

python

```python
from sqlalchemy import create_engine

engine = create_engine("sqlite:///monitoramento.db")
df_anomalias.to_sql("log_anomalias", con=engine,
if_exists="append", index=False)
```

A tabela log_anomalias conterá:

- id_transacao

- cliente

- valor

- data

- anomalia (bool)

- media_referencia

- desvio_referencia

- timestamp_execucao

O log pode ser utilizado para alertas, dashboards ou investigações.

Resolução de Erros Comuns

Erro: ValueError: cannot convert NA to float
Causa provável: presença de valores ausentes em valor
Solução: aplicar dropna() e to_numeric(..., errors='coerce') antes da análise

Erro: sqlalchemy.exc.OperationalError
Causa provável: caminho ou permissão inválida do banco
Solução: revisar string de conexão ou permissões do diretório

Erro: MemoryError com DataFrames grandes
Causa provável: análise em lote sobre volume excessivo
Solução: aplicar chunking com read_csv(..., chunksize=10000)

Erro: tabela log_anomalias não encontrada para leitura
Causa provável: primeira execução
Solução: o método to_sql(..., if_exists="append") cria automaticamente a tabela se necessário

Boas Práticas

- Utilizar 3 desvios padrão como padrão de detecção inicial

- Armazenar a média e desvio junto com o log para auditoria

- Marcar a execução com timestamp

- Registrar os logs em uma tabela separada da base original

- Encapsular a lógica de detecção em função reaproveitável

Expansões Possíveis

- Enviar e-mail automático quando número de anomalias ultrapassar limiar

- Adicionar coluna com motivo ou sugestão de causa

- Criar visualização com gráfico de dispersão dos pontos anômalos

- Integrar com Airflow para execução diária e versionamento de logs

- Aplicar métodos de detecção robustos como IQR, Isolation Forest ou Z-Score dinâmico

Resumo Estratégico

A detecção de anomalias é uma camada essencial para pipelines que operam com dados críticos ou alta variabilidade. O modelo descrito, utiliza fundamentos estatísticos simples com SciPy para identificar desvios extremos e registrar os casos para investigação ou resposta automatizada.

Ao incluir esse componente nos seus fluxos, você eleva o nível de controle, segurança e confiabilidade dos dados entregues, transformando o pipeline não apenas em um canal de transporte, mas em uma ferramenta de supervisão ativa. Monitorar dados é proteger valor — e a anomalia, quando bem capturada, revela o que o normal esconde.

CAPÍTULO 18. PIPELINE 15 – CLASSIFICAÇÃO DE TEXTO E PERSISTÊNCIA

A classificação automática de textos é uma das tarefas mais difundidas no campo de NLP (Natural Language Processing) e extremamente útil para automatizar decisões, segmentações e triagens em pipelines operacionais. Com técnicas simples, baseadas em modelos clássicos do Scikit-Learn, é possível construir classificadores eficientes para rotular categorias de documentos, mensagens, tickets, comentários ou qualquer entrada textual. Quando integrados a um pipeline de dados, esses modelos passam a operar em produção, rotulando dados em tempo real ou por lote e persistindo os resultados para uso imediato.

Este capítulo apresenta um pipeline técnico e didático que realiza a classificação de textos com Scikit-Learn, usando um modelo leve, e registra os resultados classificados em uma base SQL relacional. O fluxo cobre desde o pré-processamento até a gravação dos rótulos gerados.

Objetivo do Pipeline

- Carregar uma base com textos e suas categorias

- Treinar um classificador baseado em Scikit-Learn

- Aplicar pré-processamento e vetorização dos textos

- Utilizar o modelo para rotular novos registros

- Persistir os dados classificados em um banco relacional

Pipeline aplicável em sistemas de atendimento, CRM, moderação de conteúdo, helpdesks, feedback de usuários e outras aplicações com grande volume de textos não estruturados.

Etapa 1: carregamento da base de treino

Utilizaremos um CSV com exemplos rotulados:

python

```
import pandas as pd


df = pd.read_csv("mensagens_treinamento.csv")
```

Exemplo de colunas:

- texto: conteúdo da mensagem

- categoria: rótulo de classificação (ex: suporte, elogio, reclamação)

Eliminamos registros inválidos:

python

```
df = df.dropna(subset=['texto', 'categoria'])
```

Etapa 2: pré-processamento e vetorização

Aplicamos vetorização com TfidfVectorizer:

python

```
from sklearn.feature_extraction.text import TfidfVectorizer


vetor = TfidfVectorizer(stop_words='portuguese',
max_features=1000)
X = vetor.fit_transform(df['texto'])
y = df['categoria']
```

O vetor transforma os textos em matrizes numéricas para que o modelo possa interpretá-los.

Etapa 3: treinamento do modelo

Usamos MultinomialNB, um classificador simples e eficaz para texto:

python

```
from sklearn.naive_bayes import MultinomialNB
from sklearn.model_selection import train_test_split
from sklearn.metrics import classification_report


X_train, X_test, y_train, y_test = train_test_split(X, y,
test_size=0.2)


modelo = MultinomialNB()
modelo.fit(X_train, y_train)
```

```python
y_pred = modelo.predict(X_test)
print(classification_report(y_test, y_pred))
```

Esse bloco valida o modelo e exibe métricas de acurácia, precisão e recall.

Etapa 4: aplicação em novos dados

Carregamos uma nova base com textos não classificados:

python

```python
df_novos = pd.read_csv("mensagens_novas.csv")
df_novos = df_novos.dropna(subset=['texto'])
```

Transformamos os textos usando o mesmo vetor:

python

```python
X_novos = vetor.transform(df_novos['texto'])
df_novos['categoria_predita'] = modelo.predict(X_novos)
```

Agora cada mensagem possui uma categoria atribuída automaticamente.

Etapa 5: persistência dos dados classificados

Gravamos os dados classificados em banco SQL:

python

```python
from sqlalchemy import create_engine
```

```
engine = create_engine("sqlite:///mensagens_classificadas.db")
df_novos.to_sql('mensagens_classificadas', con=engine,
if_exists='replace', index=False)
```

A tabela mensagens_classificadas conterá:

- texto

- categoria_predita

Outros campos auxiliares podem ser adicionados, como data de execução, score do modelo, origem do dado etc.

Resolução de Erros Comuns

Erro: ValueError: empty vocabulary
Causa provável: todos os textos são palavras stopwords
Solução: revisar conteúdo e ajustar max_features ou stopwords

Erro: NotFittedError ao aplicar transform
Causa provável: vetor ou modelo foi instanciado, mas não treinado
Solução: garantir que fit() foi chamado antes de transform() ou predict()

Erro: sqlalchemy.exc.OperationalError
Causa provável: falha na conexão com banco ou caminho inválido
Solução: testar engine separadamente e revisar permissões

Erro: inconsistent shape ao tentar gravar
Causa provável: adição de colunas sem atualizar o DataFrame
Solução: validar df.columns antes da persistência

Boas Práticas

- Vetorizar com TfidfVectorizer para reduzir ruído de palavras frequentes

- Separar conjuntos de treino e teste para validação mínima do modelo

- Manter o vetor treinado salvo com joblib ou pickle para uso futuro

- Armazenar previsões com referência temporal e origem

- Validar textos com .dropna() para evitar falhas silenciosas

Expansões Possíveis

- Substituir MultinomialNB por SVM, RandomForest ou LSTM

- Adicionar coluna de score/confiança na classificação

- Criar uma API Flask para receber texto e retornar categoria

- Integrar o modelo com sistemas de atendimento automático

- Monitorar o desempenho do modelo com base nos dados classificados

Resumo Estratégico

Classificadores de texto leves e bem treinados transformam pipelines passivos em sistemas inteligentes. O pipeline demonstrou como aplicar pré-processamento, vetorização e classificação automática com Scikit-Learn, persistindo os resultados para uso posterior. A integração com bancos relacionais amplia a utilidade dos rótulos gerados, permitindo consultas, dashboards, filtros e decisões automatizadas. Onde há texto, há padrão — e onde há padrão, há oportunidade de engenharia.

CAPÍTULO 19. PIPELINE 16 – TRIGGER SQL COM EXECUÇÃO PYTHON

Muitos pipelines operam de forma agendada, mas em contextos onde a latência entre o evento e a ação é crítica, o ideal é que a execução seja *reativa*: algo acontece no banco de dados — e isso dispara uma ação automatizada. É exatamente esse o papel dos triggers: reagir a inserções, atualizações ou exclusões em tabelas específicas e, com isso, iniciar execuções externas como scripts Python, processamento de arquivos, notificações ou execuções de outro pipeline.

Apresentamos neste capítulo um pipeline que une lógica de banco relacional com execução externa. A estrutura será baseada em um trigger SQL que escreve um registro de evento em uma tabela de controle, e em seguida um script Python que monitora essa tabela e executa um processo específico sempre que detecta novas entradas.

Objetivo do Pipeline

- Criar um trigger em SQL que registre eventos em uma tabela de controle

- Monitorar a tabela de eventos por um script Python

- Executar uma função Python externa quando houver novos eventos

- Marcar os eventos como processados para evitar reexecução

- Manter rastreabilidade e integridade transacional

O modelo é utilizado para iniciar cargas, validações, alertas ou transformações sem a necessidade de agendadores, tornando o fluxo reativo e mais eficiente.

Etapa 1: criação da tabela de controle de eventos

No banco de dados (PostgreSQL, SQLite, etc.), criamos uma tabela que armazenará os eventos disparados pelo trigger:

sql

```sql
CREATE TABLE eventos_trigger (
    id SERIAL PRIMARY KEY,
    tabela_afetada TEXT,
    tipo_evento TEXT,
    timestamp_evento TIMESTAMP DEFAULT CURRENT_TIMESTAMP,
    status TEXT DEFAULT 'pendente'
);
```

A tabela será usada como fila de eventos: cada linha representa algo que ocorreu no sistema e precisa ser tratado por um processo externo.

Etapa 2: criação do trigger SQL

Em uma tabela de origem (ex: usuarios), configuramos o trigger:

sql

```sql
CREATE OR REPLACE FUNCTION notificar_insercao_usuario()
RETURNS trigger AS $$
BEGIN
    INSERT INTO eventos_trigger (tabela_afetada, tipo_evento)
    VALUES ('usuarios', 'insercao');
    RETURN NEW;
END;
$$ LANGUAGE plpgsql;


CREATE TRIGGER trigger_insercao_usuario
AFTER INSERT ON usuarios
FOR EACH ROW
EXECUTE FUNCTION notificar_insercao_usuario();
```

O código define que toda vez que uma nova linha for inserida na tabela usuarios, um novo evento será registrado na eventos_trigger.

Etapa 3: script Python monitorando a fila

Criamos um script Python que se conecta ao banco, verifica se há eventos pendentes e executa uma função externa quando encontra algo novo.

python

```python
import time
import pandas as pd
```

```python
from sqlalchemy import create_engine

engine = create_engine("sqlite:///sistema.db")  # ou PostgreSQL,
conforme o ambiente

def executar_processo():
    print("Executando função Python disparada por trigger
SQL...")

while True:
    df = pd.read_sql("SELECT * FROM eventos_trigger WHERE
status = 'pendente'", engine)

    if not df.empty:
        for _, linha in df.iterrows():
            print(f"Evento detectado: {linha['tipo_evento']} na
tabela {linha['tabela_afetada']}")
            executar_processo()
            engine.execute(f"UPDATE eventos_trigger SET status =
'processado' WHERE id = {linha['id']}")

    time.sleep(5)
```

O script roda em loop contínuo, consultando a fila de eventos a cada 5 segundos. Sempre que encontra algo novo, executa a função desejada e marca o evento como processado para que não seja executado novamente.

Etapa 4: definição da função Python disparada

A função executada pode ser qualquer coisa:

python

```
def executar_processo():
    from datetime import datetime
    print(f"Função executada em {datetime.now()}")
    # Pode incluir: gerar arquivo, executar outro script, enviar e-
mail, rodar transformação etc.
```

A função descrita é o ponto de entrada para qualquer operação que desejamos executar de forma reativa.

Etapa 5: execução em background

O script Python pode ser executado como:

- processo contínuo em servidor (via systemd, supervisor, pm2)

- container docker com restart automático

- função agendada em ambiente com verificação periódica

O importante é garantir que o monitoramento esteja ativo sempre que os eventos forem possíveis.

Resolução de Erros Comuns

Erro: psycopg2.errors.InsufficientPrivilege
Causa provável: usuário sem permissão para criar trigger

Solução: conceder permissão de TRIGGER na tabela alvo

Erro: pandas.io.sql.DatabaseError ao consultar eventos
Causa provável: tabela de eventos não criada ou mal formatada
Solução: revisar DDL da eventos_trigger

Erro: script Python executando a mesma linha várias vezes
Causa provável: falta de marcação como processado
Solução: aplicar UPDATE eventos_trigger SET status='processado' WHERE id=...

Erro: NoneType has no attribute 'iterrows'
Causa provável: consulta retornando resultado inválido
Solução: validar se df.empty antes de iterar

Boas Práticas

- Separar trigger de lógica de negócio — trigger apenas sinaliza

- Usar tabela de eventos como fila intermediária

- Encapsular a execução externa em função independente

- Marcar os eventos como processados de forma transacional

- Manter controle de falhas e reprocessamento

Expansões possíveis

- Armazenar payloads completos no evento (ex: ID da linha inserida)

- Criar prioridade ou tipo de execução no evento

- Integrar com orquestradores como Airflow via sensor customizado

- Exibir logs dos eventos em painel de monitoramento

- Enviar notificação ao Slack ou e-mail quando evento for detectado

Resumo Estratégico

A integração entre triggers SQL e execução Python cria uma ponte eficiente entre o mundo relacional e a lógica de automação. O pipeline aqui desenhado, oferece um padrão técnico robusto para detectar alterações em dados e reagir com scripts externos, sem depender de agendamentos fixos. Em fluxos críticos, onde tempo e precisão são essenciais, reagir ao evento no momento certo é o que diferencia uma arquitetura reativa de uma arquitetura atrasada. Dados em movimento merecem automação inteligente — e os triggers são os sensores que disparam ação real.

CAPÍTULO 20. PIPELINE 17 – ENVIO DE DADOS PARA POWER BI

Em pipelines de dados modernos, a última etapa nem sempre é armazenar em banco ou salvar em arquivo — muitas vezes, o destino final é um painel de visualização utilizado por usuários de negócio. Quando esse painel é o Power BI, uma das formas mais robustas de integração é utilizar a API REST oficial da Microsoft para enviar dados diretamente para um *streaming dataset* ou *push dataset*. Isso elimina a dependência de arquivos intermediários, torna os dados quase em tempo real e permite uma visualização sempre atualizada sem intervenção manual.

Exploraremos um pipeline técnico de envio automatizado de dados para o Power BI via API REST. A estrutura cobre autenticação via Azure AD, formatação do payload, chamada HTTP segura e monitoramento de sucesso da operação. O modelo é aplicável a qualquer fluxo que precise entregar dados diretamente ao dashboard do Power BI sem abrir o app ou interface web.

Objetivo do Pipeline

- Autenticar com a API REST do Power BI usando token do Azure

- Formatar dados em JSON conforme exigido pela API

- Realizar o envio via requisição HTTP POST

- Tratar erros e falhas de autenticação

- Registrar logs da execução para auditoria e reprocessamento

O pipeline é ideal para cenários onde o Power BI não consome diretamente da base de dados, mas sim de uma fonte externa que envia dados sob demanda com segurança e rastreabilidade.

Etapa 1: criação de um push dataset no Power BI

1. Acesse https://app.powerbi.com

2. Crie um novo workspace (ou utilize um existente)

3. Vá em **Datasets + Dataflows > Criar > Dataset em tempo real**

4. Escolha a opção *Push dataset*

5. Defina o nome (ex: KPI_Operacional) e os campos (ex: data, metrica, valor)

6. Marque "Retenção de histórico" se quiser manter dados anteriores

7. Após criar, clique em **API Info** para copiar a URL de envio do dataset

Exemplo de endpoint:

https://api.powerbi.com/beta/{workspace_id}/datasets/{dataset_id}/rows?key={chave}

A URL já inclui a chave de autenticação necessária para o envio.

Etapa 2: preparação dos dados no Python

Criamos um DataFrame com os dados que desejamos enviar:

python

```python
import pandas as pd

df = pd.DataFrame([
    {'data': '2025-04-21', 'metrica': 'vendas', 'valor': 1500},
    {'data': '2025-04-21', 'metrica': 'estoque', 'valor': 230}
])
```

Convertendo para JSON no formato exigido pela API (lista de dicionários):

python

```python
dados_json = df.to_dict(orient='records')
```

Etapa 3: envio para a API do Power BI

Utilizamos a biblioteca requests para a chamada:

python

```python
import requests

url = "https://api.powerbi.com/beta/{workspace_id}/datasets/{dataset_id}/rows?key={chave_api}"

response = requests.post(url, json=dados_json)
```

```
if response.status_code == 200:
    print(" ados enviados com sucesso.")
else:
    print(f"Erro ao enviar dados: {response.status_code} -
{response.text}")
```

A chamada é direta, sem autenticação OAuth, pois a URL já contém a chave de push gerada pelo próprio Power BI. Desse modo, simplifica-se o pipeline e evita-se a necessidade de renovação de token.

Etapa 4: verificação no painel

Após o envio, o painel conectado ao dataset deve refletir os novos dados em tempo real. Se não houver visualização associada, você pode criar uma nova no Power BI Desktop usando o mesmo workspace e dataset de destino.

Etapa 5: automação e agendamento

O pipeline pode ser executado:

- Em tempo real, após a finalização de outro processo

- A cada hora, via cron ou Airflow

- Após cada inserção em banco, usando triggers ou sensores

Exemplo de automação simples com cron:

bash

```
0 * * * * /usr/bin/python3 /caminho/enviar_para_powerbi.py
```

Ou DAG com Airflow para orquestrar e monitorar o processo.

Resolução de Erros Comuns

Erro: 403 Forbidden
Causa provável: chave de API inválida ou expirou
Solução: copiar a chave novamente na aba "API Info" do dataset e atualizar no script

Erro: 400 Bad Request
Causa provável: campos do JSON diferentes da definição do dataset
Solução: validar nomes e tipos exatamente iguais ao schema criado

Erro: JSONDecodeError
Causa provável: conversão incorreta do DataFrame
Solução: utilizar .to_dict(orient='records') para formato correto

Erro: Timeout ou falha de rede
Causa provável: latência de rede ou bloqueio de firewall
Solução: testar via cURL e garantir que a porta 443 esteja liberada

Boas Práticas

- Usar push datasets apenas para dados pequenos ou com poucas colunas

- Validar o payload antes de enviar

- Registrar logs de status e resposta da API

- Implementar retry automático em caso de falha temporária

- Versionar o schema e atualizar o dataset quando a estrutura mudar

Expansões Possíveis

- Enviar dados para múltiplos datasets em paralelo

- Incluir timestamp da execução no payload

- Criar mecanismo de fallback com salvamento local em caso de falha de envio

- Integrar com logs operacionais para diagnóstico técnico

- Utilizar autenticação OAuth2 para integração com múltiplos workspaces corporativos

Resumo Estratégico

O envio de dados diretamente para o Power BI via API REST permite construir fluxos dinâmicos, ágeis e controláveis, eliminando a dependência de atualizações manuais ou fontes complexas. O pipeline oferece um modelo direto e confiável para alimentar dashboards com dados prontos para visualização, com integração mínima e máxima flexibilidade. Visualização em tempo real não exige mágica — exige engenharia com boa conexão.

CAPÍTULO 21. PIPELINE 18 – ATUALIZAÇÃO INCREMENTAL EM SQL

A atualização incremental é uma técnica fundamental em pipelines de dados que precisam integrar novas informações a uma base existente sem reprocessar todo o histórico. É especialmente útil quando lidamos com tabelas grandes, sistemas em produção e integrações recorrentes. O objetivo é identificar o que é novo ou atualizado, aplicar transformações e inserir os dados no destino de forma eficiente, mantendo consistência e evitando duplicações.

Escreveremos um pipeline prático de atualização incremental utilizando comandos SQL, com controle de duplicidade e lógica de merge condicional. A estrutura é compatível com bancos relacionais como PostgreSQL, MySQL, SQL Server e pode ser adaptada a engines analíticos como Snowflake, BigQuery ou Redshift com ajustes mínimos.

Objetivo do Pipeline

- Carregar dados incrementais de uma fonte externa (arquivo, API, staging)

- Comparar com a tabela de destino e identificar registros novos ou atualizados

- Executar merge condicional: inserção de novos registros e atualização dos existentes

- Evitar duplicações com chave composta ou identificador único

- Registrar logs da execução para auditoria e rastreabilidade

O pipeline é essencial para operações como sincronização de usuários, consolidação de sistemas, integração contínua de dados e replicação entre ambientes.

Etapa 1: carregamento dos dados incrementais

Suponha que recebemos diariamente um arquivo com novos dados de clientes:

python

```
import pandas as pd


df_incremento = pd.read_csv("clientes_incrementais.csv")
```

Exemplo de colunas:

- id_cliente

- nome

- email

- data_atualizacao

Convertendo a data e limpando os registros:

python

```
df_incremento['data_atualizacao'] =
pd.to_datetime(df_incremento['data_atualizacao'],
errors='coerce')
```

```
df_incremento = df_incremento.dropna(subset=['id_cliente',
'data_atualizacao'])
```

Etapa 2: conexão com banco de destino

Utilizaos SQLAlchemy para conexão com o banco onde a tabela principal clientes está armazenada:

python

```
from sqlalchemy import create_engine
```

```
engine = create_engine("sqlite:///clientes.db")  # simulação local
```

Etapa 3: leitura da tabela atual

Carregamos os registros existentes da base de destino:

python

```
df_destino = pd.read_sql("SELECT * FROM clientes", con=engine)
```

```
df_destino['data_atualizacao'] =
pd.to_datetime(df_destino['data_atualizacao'], errors='coerce')
```

Essa base será usada como referência para identificar o que deve ser atualizado.

Etapa 4: identificação de registros novos e modificados

Fazemos o merge dos dados pela chave primária id_cliente:

python

```python
df_merge = pd.merge(
    df_incremento,
    df_destino,
    on='id_cliente',
    how='left',
    suffixes=('_novo', '_existente')
)
```

Criamos uma flag para identificar novos registros:

python

```python
df_novos = df_merge[df_merge['nome_existente'].isna()]
```

E uma flag para atualizações com data mais recente:

python

```python
df_atualizaveis = df_merge[
    (df_merge['nome_existente'].notna()) &
    (df_merge['data_atualizacao_novo'] >
df_merge['data_atualizacao_existente'])
]
```

Etapa 5: persistência dos registros novos

Gravamos os registros novos com append:

python

```python
df_novos[['id_cliente', 'nome_novo', 'email_novo',
'data_atualizacao_novo']].rename(
    columns={
```

```
    'nome_novo': 'nome',
    'email_novo': 'email',
    'data_atualizacao_novo': 'data_atualizacao'
  }
).to_sql('clientes', con=engine, if_exists='append', index=False)
```

Etapa 6: atualização dos registros existentes

Atualizamos os registros existentes com base na chave primária. Para SQLite ou PostgreSQL, usamos uma query SQL com UPDATE:

python

```
import sqlalchemy


with engine.begin() as conn:
    for _, row in df_atualizaveis.iterrows():
        stmt = sqlalchemy.text("""
            UPDATE clientes
            SET nome = :nome,
                email = :email,
                data_atualizacao = :data
            WHERE id_cliente = :id
        """)
        conn.execute(stmt, {
            'nome': row['nome_novo'],
            'email': row['email_novo'],
            'data': row['data_atualizacao_novo'],
```

```
    'id': row['id_cliente']
})
```

Esse bloco garante que somente os registros realmente atualizados sejam alterados.

Etapa 7: deduplicação preventiva

Em casos onde existe risco de duplicação (ambiente multi-origem), criamos índice único no banco:

sql

```sql
CREATE UNIQUE INDEX IF NOT EXISTS idx_id_cliente ON
clientes(id_cliente);
```

Ou aplicamos deduplicação em Pandas antes de persistir:

python

```python
df_incremento =
df_incremento.drop_duplicates(subset='id_cliente', keep='last')
```

Etapa 8: log de execução

Registramos métricas da execução:

python

```python
print(f"Total de registros recebidos: {len(df_incremento)}")
print(f"Novos registros inseridos: {len(df_novos)}")
print(f"Registros atualizados: {len(df_atualizaveis)}")
```

Os logs podem ser salvos em CSV, base de log ou enviados por email/SLA para controle de ingestão.

Resolução de Erros Comuns

Erro: IntegrityError: UNIQUE constraint failed
Causa provável: tentativa de inserir registro já existente sem deduplicação
Solução: aplicar drop_duplicates() ou usar MERGE SQL (quando suportado)

Erro: ValueError: cannot merge DataFrames with different types
Causa provável: coluna chave com tipos diferentes
Solução: forçar df['id_cliente'] = df['id_cliente'].astype(str/int) nos dois DataFrames

Erro: OperationalError: no such table
Causa provável: tabela clientes ainda não existe no banco
Solução: criar estrutura base antes da primeira carga

Erro: TypeError ao passar parâmetros para SQLAlchemy
Causa provável: passagem errada de argumentos no execute()
Solução: usar sqlalchemy.text e nomear explicitamente os parâmetros

Boas Práticas

- Separar registros novos dos atualizáveis com merge e data de controle

- Usar pd.to_datetime() e validar consistência das datas

- Utilizar índice único no banco como defesa contra duplicações

- Manter logs de volume de registros processados por tipo

- Modularizar o pipeline para uso por outros sistemas de

origem

Expansões Possíveis

- Substituir loop UPDATE por operação MERGE em bancos como SQL Server ou Snowflake

- Executar o pipeline por trigger ou agendamento em Airflow

- Registrar histórico das alterações em tabela de audit trail

- Incluir diff de colunas alteradas para rastreabilidade

- Transformar em microserviço com API para atualização sob demanda

Resumo Estratégico

Atualização incremental é o coração da engenharia de dados transacional. O pipeline descrito oferece uma estrutura confiável para receber, comparar e integrar dados novos ou atualizados em uma base relacional sem reprocessar tudo. A aplicação de merge condicional e deduplicação garante integridade, eficiência e controle sobre o que está sendo atualizado. Dados em produção não podem ser sobrescritos cegamente — devem ser atualizados com precisão cirúrgica. Esse é o papel da engenharia.

CAPÍTULO 22. PIPELINE 19 – AGREGAÇÕES DIÁRIAS COM EXPORTAÇÃO

Em operações analíticas, é comum a necessidade de gerar agregações periódicas — como somatórios, contagens, médias e consolidações por dia — e disponibilizar esses dados para consumo externo. Uma prática recorrente é exportar essas informações em formato tabular (CSV, Excel) e enviá-las automaticamente para um servidor FTP, onde outros sistemas ou usuários podem acessá-las sem depender de APIs ou integrações diretas. Esse modelo é simples, confiável e muito utilizado em contextos de integração entre empresas, envio de relatórios regulatórios ou distribuição de dados para times operacionais.

Vamos construir um pipeline completo que realiza agrupamentos diários com Pandas e exporta os resultados para um servidor FTP com autenticação. A estrutura cobre extração dos dados, agregação por data, geração do arquivo e envio automático, respeitando segurança, rastreabilidade e padronização de nomenclatura.

Objetivo do Pipeline

- Carregar dados operacionais com marca temporal

- Agrupar e consolidar métricas por dia

- Exportar os resultados em formato CSV com nome

dinâmico

- Conectar a um servidor FTP com credenciais seguras

- Enviar o arquivo gerado para um diretório remoto

É ideal para relatórios operacionais, integração entre sistemas, auditorias e automatização de exportações técnicas.

Etapa 1: carregamento dos dados

Utilizamos uma base de transações com os campos:

- id_transacao

- valor

- data_transacao

Carregamos os dados com:

python

```python
import pandas as pd

df = pd.read_csv("transacoes.csv")
df['data_transacao'] = pd.to_datetime(df['data_transacao'],
errors='coerce')
df = df.dropna(subset=['data_transacao', 'valor'])
df['valor'] = pd.to_numeric(df['valor'], errors='coerce')
```

Etapa 2: agregação diária

Agrupamos por data e calculamos métricas de interesse:

python

```
df['data'] = df['data_transacao'].dt.date

df_agrupado = df.groupby('data').agg(
    total_transacoes=('id_transacao', 'count'),
    valor_total=('valor', 'sum'),
    valor_medio=('valor', 'mean')
).reset_index()
```

Renomeamos colunas para clareza:

python

```
df_agrupado.columns = ['data', 'total_transacoes', 'valor_total', 'valor_medio']
```

Etapa 3: exportação do arquivo CSV

Criamos o nome do arquivo com base na data de execução:

python

```
from datetime import datetime

hoje = datetime.now().strftime("%Y-%m-%d")
nome_arquivo = f"relatorio_agrupado_{hoje}.csv"
df_agrupado.to_csv(nome_arquivo, index=False)
```

Etapa 4: envio via FTP

Utilizamos a biblioteca ftplib para conectar e enviar:

python

```python
from ftplib import FTP

ftp_host = "ftp.dominio.com"
ftp_usuario = "usuario"
ftp_senha = "senha"
ftp_diretorio = "/relatorios_diarios/"

with FTP(ftp_host) as ftp:
    ftp.login(user=ftp_usuario, passwd=ftp_senha)
    ftp.cwd(ftp_diretorio)

    with open(nome_arquivo, 'rb') as f:
        ftp.storbinary(f'STOR {nome_arquivo}', f)

print("Arquivo enviado com sucesso.")
```

Etapa 5: rastreabilidade

Geramos um log com o resultado da execução:

python

```python
log = {
    "data_execucao": datetime.now(),
    "arquivo_enviado": nome_arquivo,
    "registros": len(df_agrupado)
}
```

```
df_log = pd.DataFrame([log])
df_log.to_csv("log_execucao.csv", mode='a', header=False,
index=False)
```

Esse log pode ser armazenado localmente ou persistido em banco.

Resolução de Erros Comuns

Erro: ftplib.error_perm: 530 Login incorrect.
Causa provável: usuário ou senha incorretos
Solução: revisar credenciais FTP e autenticação

Erro: FileNotFoundError ao abrir arquivo CSV
Causa provável: erro na geração ou caminho incorreto
Solução: verificar existência do arquivo com os.path.exists()

Erro: OSError: [Errno 101] Network is unreachable
Causa provável: bloqueio de rede ou firewall impedindo acesso FTP
Solução: testar FTP com ferramentas externas e liberar porta 21

Erro: ValueError: cannot convert NA to float
Causa provável: valores ausentes na coluna valor
Solução: aplicar .dropna() e to_numeric(..., errors='coerce') com tratamento adequado

Boas Práticas

- Nomear os arquivos com data para facilitar versionamento

- Validar todas as colunas antes de calcular agregações

- Utilizar agg() com nomes explícitos para cada métrica

- Encapsular conexão FTP com with para garantir fechamento

- Registrar logs com timestamp e volume de dados processados

Expansões Possíveis

- Enviar os arquivos para múltiplos diretórios FTP simultaneamente

- Compactar o arquivo antes do envio com gzip

- Assinar digitalmente os arquivos para validação em sistemas regulatórios

- Executar o pipeline por agendamento com Airflow, cron ou cloud functions

- Substituir FTP por SFTP com paramiko para maior segurança

Resumo estratégico

O pipeline que navemos, demonstra como automatizar a geração de relatórios agregados com base em dados diários e entregar o resultado de forma estruturada via FTP. A aplicação de agregações controladas, nomeação padronizada e envio automático transforma tarefas manuais em operações auditáveis, reprodutíveis e escaláveis. Dados bem organizados valem mais — e dados entregues sem depender de cliques valem o dobro. Engenharia de dados também é sobre fazer chegar, com precisão.

CAPÍTULO 23. PIPELINE 20 – ORQUESTRAÇÃO MULTI-PIPELINE COM PREFECT

Conforme os pipelines evoluem em escala e complexidade, torna-se necessário coordenar a execução de múltiplos fluxos de forma estruturada, inteligente e resiliente. Não basta executar tarefas em sequência — é preciso controlar dependências, reagir a falhas, registrar status, reiniciar etapas e garantir que o estado de execução seja rastreável. É nesse contexto que entram as ferramentas modernas de orquestração, e o **Prefect** destaca-se por oferecer uma abordagem declarativa, orientada a código, altamente extensível e com ótimo suporte para execução local, em nuvem ou híbrida.

Analisaremos um pipeline de orquestração com Prefect, coordenando múltiplos pipelines independentes de forma integrada. A estrutura cobre definição de tarefas e fluxos, execução sequencial e paralela, manipulação de parâmetros, controle de estado e logging de cada etapa. É um modelo aplicável a fluxos de ETL, automações de dados, monitoramento e integração entre sistemas heterogêneos.

Objetivo do Pipeline

- Definir múltiplos pipelines de forma modular como tarefas Prefect

- Criar um fluxo principal que orquestra a execução desses pipelines

- Controlar dependências, paralelismo e estado de cada tarefa

- Registrar logs de execução para rastreabilidade e auditoria

- Executar localmente ou acoplar a um agente Prefect Cloud

O modelo é ideal para ambientes com múltiplas fontes de dados, rotinas encadeadas e alto nível de automação.

Etapa 1: instalação e configuração

Instale o Prefect 2.x:

bash

```
pip install prefect
```

Crie um script chamado multi_pipeline.py.

Etapa 2: definição dos pipelines como tarefas

Importamos os módulos essenciais:

python

```
from prefect import flow, task
import pandas as pd
from datetime import datetime
```

Definimos tarefas básicas representando pipelines individuais:

python

```
@task
def pipeline_ingestao():
```

```python
    print("Executando pipeline de ingestão...")
    df = pd.DataFrame({'id': [1, 2], 'valor': [100, 200]})
    return df


@task
def pipeline_transformacao(df: pd.DataFrame):
    print("Executando pipeline de transformação...")
    df['valor_corrigido'] = df['valor'] * 1.1
    return df


@task
def pipeline_exportacao(df: pd.DataFrame):
    nome_arquivo = f"export_{datetime.now().strftime('%Y%m
%d')}.csv"
    df.to_csv(nome_arquivo, index=False)
    print(f" Arquivo exportado: {nome_arquivo}")
```

As tarefas descritas simulam três pipelines independentes e encadeáveis: ingestão, transformação e exportação.

Etapa 3: criação do fluxo principal com dependência

Agrupamos as tarefas em um fluxo:

python

```python
@flow(name="orquestracao_multi_pipeline")
def orquestrador_principal():
    df_ingestao = pipeline_ingestao()
```

```python
df_transformado = pipeline_transformacao(df_ingestao)
pipeline_exportacao(df_transformado)
```

Chamamos o fluxo:

python

```python
if __name__ == "__main__":
    orquestrador_principal()
```

Executar este script roda todos os pipelines com gestão automática de estado, logs e retries (caso definidos).

Etapa 4: paralelismo e modularidade

Podemos adicionar paralelismo executando pipelines independentes:

python

```python
@task
def pipeline_auxiliar():
    print("Executando pipeline auxiliar em paralelo...")


@flow
def orquestrador_principal():
    df_ingestao = pipeline_ingestao()
    df_transformado = pipeline_transformacao(df_ingestao)
    pipeline_exportacao(df_transformado)
    pipeline_auxiliar.submit()  # execução assíncrona
```

O comando executa a tarefa auxiliar em paralelo ao restante do fluxo.

Etapa 5: monitoramento e logs

O Prefect gera logs automáticos para cada tarefa. Ao executar localmente, a saída no terminal já contém as mensagens e o status. Para ambientes maiores, é possível acoplar com Prefect Cloud para:

- Interface web de monitoramento

- Visualização de estado de execução

- Controle de histórico e agendamentos

- Retry e versionamento de fluxo

Para usar Prefect Cloud:

bash

```
prefect cloud login
prefect agent start --pool 'default-agent-pool'
```

E registre o fluxo com:

bash

```
prefect deployment build multi_pipeline.py:orquestrador_principal -n fluxo_multi
prefect deployment apply fluxo_multi-deployment.yaml
```

Resolução de Erros Comuns

Erro: ValueError: Flow must return a value

Causa provável: ausência de return em função decorada com @flow

Solução: sempre retornar objetos intermediários, mesmo se não utilizados

Erro: AttributeError: 'NoneType' object has no attribute 'submit'
Causa provável: chamada incorreta da tarefa paralela
Solução: certificar-se de usar .submit() apenas em tarefas decoradas com @task

Erro: ModuleNotFoundError ao importar Prefect
Causa provável: instalação incompleta ou em ambiente errado
Solução: reinstalar com pip install prefect e usar ambiente virtual

Erro: Engine is not running
Causa provável: execução fora do escopo if __name__ == "__main__"
Solução: manter a execução principal dentro do bloco de proteção

Boas Práticas

- Isolar cada pipeline como função decorada com @task

- Encadear os fluxos dentro do @flow principal para rastreabilidade

- Nomear cada fluxo e tarefa com semântica clara

- Registrar logs e status para cada execução de forma automática

- Modularizar cada pipeline para reuso em outros fluxos

Expansões Possíveis

- Acoplar múltiplos pipelines de origem diferente (planilhas, APIs, bancos)

- Adicionar lógica condicional baseada em parâmetros (ex: tipo de dia, volume)

- Criar um dashboard interno com status das execuções via API Prefect

- Encadear execuções de pipelines externos ou scripts shell

- Armazenar logs de falha com payloads para debugging posterior

Resumo Estratégico

Orquestrar múltiplos pipelines com Prefect é uma abordagem moderna e elegante para organizar operações de dados em larga escala. Com uma estrutura declarativa e código limpo, é possível transformar múltiplos scripts isolados em uma arquitetura gerenciável, rastreável e resiliente. Este modelo é a base para uma cultura de automação sustentável, onde dados fluem entre sistemas com controle e inteligência. Coordenação técnica é o que transforma ações em sistemas. E orquestrar é fazer os pipelines tocarem em harmonia.

CAPÍTULO 24. CONSOLIDAÇÃO TÉCNICA E DIRECIONAMENTO PROFISSIONAL

Ao longo deste livro, percorremos vinte pipelines diferentes, cada um representando uma abordagem técnica consolidada e aplicável em projetos reais de engenharia de dados. Cada pipeline foi construído para resolver um problema específico com profundidade, clareza e foco prático, respeitando as boas práticas de modularidade, testabilidade, rastreabilidade e escalabilidade.

Este capítulo tem três funções principais:

1. Consolidar o conhecimento técnico apresentado até aqui, revelando como os modelos se conectam entre si.

2. Apresentar diretrizes para transformar esses pipelines em sistemas completos e integrados.

3. Propor caminhos avançados de especialização, automação e arquitetura para quem deseja evoluir profissionalmente com base nesses fundamentos.

Não se trata apenas de revisar o conteúdo. Trata-se de organizar a mentalidade do engenheiro de dados como um arquiteto de fluxos, alguém capaz de enxergar o todo com clareza, sem perder a precisão do detalhe técnico.

Integração entre Pipelines

Apesar de cada pipeline ser apresentado de forma isolada, com dados, estrutura e objetivos específicos, eles não existem para funcionar sozinhos. Na prática, pipelines são peças de um sistema mais amplo. Eles são conectores de informação. A grande competência do engenheiro está em saber como conectá-los de forma inteligente, fluida e confiável.

Vamos explorar como acontece na prática, por meio de exemplos diretos.

Ingestão contínua + validação + persistência

O pipeline de ingestão de CSV com validação (Cap. 4) pode ser acoplado diretamente ao pipeline de validação de qualidade de dados (Cap. 13). Após validar a estrutura, o próximo passo é persistir os registros válidos no banco, como vimos na estrutura incremental (Cap. 21). Se novos dados chegarem em formato JSON ou forem recebidos por API, o pipeline de extração via REST (Cap. 5) se conecta diretamente à mesma estrutura de validação.

Enriquecimento + transformação + entrega

A base de dados internos pode ser enriquecida com dados públicos (Cap. 10) e, posteriormente, transformada e exportada para dashboards ou relatórios (Cap. 14, Cap. 20). O enriquecimento não precisa acontecer em tempo real — pode ser estruturado como um fluxo noturno automatizado, com orquestração (Cap. 23).

Pipelines preditivos e classificatórios

O pipeline de classificação de texto (Cap. 18) pode ser acoplado a uma etapa de ingestão (Cap. 4) ou scraping (Cap. 15), de modo que mensagens capturadas da web ou dos usuários sejam classificadas automaticamente e gravadas em uma base de atendimento. A partir daí, podemos construir alertas baseados em categorias críticas ou repassar a demanda para times responsáveis.

Atualizações automatizadas + exportações programadas

Após consolidar os dados com atualizações incrementais (Cap. 21), o fluxo pode gerar agregações por data (Cap. 22) e exportá-las automaticamente via FTP para terceiros. Esse padrão é extremamente comum em ambientes regulatórios, financeiros e de integração entre sistemas legados e modernos.

Execução sob demanda com triggers

Alguns pipelines não devem ser agendados, mas sim reagir a eventos reais. O pipeline de trigger SQL (Cap. 19) permite acionar um script Python automaticamente sempre que uma nova inserção acontece na tabela monitorada. O modelo se conecta perfeitamente com transformações mais pesadas ou exportações em tempo real.

Ao pensar em integração entre pipelines, o foco deixa de ser apenas a execução técnica isolada, e passa a ser o desenho do fluxo de informação. Isso exige uma mudança de mentalidade: o engenheiro deixa de ser um executor de tarefas e passa a ser um organizador de sistemas. Um arquiteto de rotas de dados.

Modularização e Reuso

Modularizar significa quebrar o pipeline em partes menores, independentes e reaproveitáveis. Cada pipeline apresentado neste livro pode ser desmembrado em funções técnicas específicas que podem ser agrupadas em bibliotecas internas ou serviços.

Exemplos de módulos reaproveitáveis:

- **Validador de schema de entrada**: presente em múltiplos pipelines (4, 6, 10, 13, 21)

- **Conector de banco de dados**: utilizado em quase todos os pipelines que gravam dados em SQL

- **Função de exportação de arquivos**: CSV, Parquet, Excel ou JSON

- **Monitoramento de execução**: logs, contadores, timestamps e status de sucesso/falha

- **Gerador de relatórios de execução**: cria arquivos de log, métricas por tipo de evento, volume processado

Ao encapsular esses módulos, é possível montar pipelines como blocos de Lego, combinando funcionalidades conforme o contexto. Isso reduz tempo de desenvolvimento, melhora a testabilidade e permite versionamento e auditoria muito mais precisos.

A modularização também permite a substituição de partes do sistema com facilidade. Um pipeline que grava dados no SQLite pode passar a gravar no PostgreSQL com uma troca de engine. Um bloco de classificação com Naive Bayes pode ser substituído por um modelo mais robusto sem alterar o pipeline externo. Essa independência entre módulos é o que permite evolução sem instabilidade.

Gestão de Estado e Reprocessamento

Pipelines maduros mantêm controle sobre o que foi executado, em que horário, com qual volume e qual resultado. Essa prática é conhecida como gestão de estado. O Prefect (Cap. 23) oferece esse recurso nativamente, mas mesmo em pipelines manuais ou scripts autônomos, é possível implementar esse controle com uma simples tabela de logs.

Toda execução de pipeline deve:

- Registrar o timestamp da execução

- Armazenar o status: sucesso, falha, reprocessamento

- Registrar número de registros processados, inseridos, descartados

- Associar o arquivo ou lote processado à execução

Os dados podem ser armazenados em uma tabela execucoes_pipeline e usados para gerar relatórios de operação. Além disso, servem como referência para saber se um determinado dado já foi processado ou não.

Em pipelines incrementais, por exemplo, é comum armazenar o último_id_processado, última_data_lida ou hash do arquivo. Isso evita reprocessamento, duplicações e facilita retomadas em caso de falha.

Conformidade e Rastreabilidade

Ambientes corporativos exigem rastreabilidade. Isso significa que o dado entregue precisa estar vinculado à sua origem, ao pipeline que o transformou, ao horário da execução e à configuração utilizada. Todo pipeline precisa garantir rastreabilidade de:

- Origem dos dados

- Transformações aplicadas

- Identificadores únicos de lote ou execução

- Operador (quem executou ou agendou)

- Log de erros e falhas

Mesmo pipelines simples, como um CSV de entrada e um Parquet de saída, devem ter um log de execução associando o nome do arquivo, horário de geração e número de linhas processadas. Essa disciplina evita disputas, dúvidas, retrabalhos e falhas operacionais em grande escala.

Caminhos de Especialização

Dominar os vinte pipelines deste livro fornece uma base sólida em engenharia de dados aplicada. A partir desse domínio, é possível seguir por caminhos mais profundos e estratégicos, de acordo com a maturidade da equipe, do projeto ou do profissional.

1. Arquitetura orientada a eventos (event-driven)

A partir dos pipelines com Kafka (Cap. 12), trigger SQL (Cap. 19) e detecção de anomalias (Cap. 17), é possível estruturar sistemas orientados a eventos. Cada ação no sistema dispara uma cadeia de processamento automático com resposta quase em tempo real. Isso exige organização de mensagens, filas, consumidores e logs de eventos.

2. Pipelines de machine learning operacionais (MLOps)

Pipelines como classificação de texto (Cap. 18) podem ser estendidos para incluir versionamento de modelos, monitoramento de desempenho, revalidação periódica e reentrenamento automático. Isso envolve integração com ferramentas de MLflow, DVC, Git e automação via orquestradores.

3. DataOps e governança automatizada

A padronização da qualidade dos dados (Cap. 13), auditoria de registros (Cap. 24) e controle de histórico criam a base para práticas de DataOps: automação, reprodutibilidade e segurança no ciclo de vida dos dados. O engenheiro se transforma em um facilitador da governança técnica da informação.

4. Engenharia de dados para produtos analíticos

Com os pipelines de exportação (Cap. 22), entrega em dashboards (Cap. 20) e automação de relatórios (Cap. 14), é possível estruturar soluções completas que geram valor direto ao negócio. O engenheiro aqui não apenas entrega dados — entrega produtos analíticos prontos para uso, com atualizações automáticas, métricas validadas e rastreabilidade garantida.

5. Orquestração distribuída e agendamento em larga escala

A partir dos fundamentos de Airflow (Cap. 9) e Prefect (Cap. 23), é possível projetar arquiteturas em cluster com múltiplos pipelines interdependentes, executando em DAGs distribuídas, com controle de SLA, notificações, versionamento de código e rollback automatizado. Trata-se do nível mais avançado de automação de dados em produção.

Direcionamento Profissional

O domínio técnico dos pipelines precisa estar atrelado ao posicionamento estratégico do profissional no mercado. Engenheiros de dados que dominam esses fluxos não apenas são operacionais — eles são agentes de transformação.

A aplicação prática dos pipelines apresentados pode ser direcionada para diversas trilhas profissionais, como:

- **Especialista em Integrações de Dados**
  Responsável por montar e manter fluxos robustos entre sistemas heterogêneos.

- **Engenheiro de Dados para Produtos Analíticos**
  Cria pipelines que alimentam dashboards, modelos, relatórios e sistemas de BI.

- **Arquiteto de Dados Operacionais**
  Desenha sistemas de coleta, transformação, validação e entrega em múltiplas camadas.

- **Engenheiro de Observabilidade de Dados**

Foca em controle de qualidade, alertas, rastreabilidade e métricas operacionais.

- **Construtor de Soluções Self-Service**
  Implementa pipelines parametrizados e acessíveis por outros times, como marketing, vendas, logística, jurídico.

Cada uma dessas trilhas pode partir do mesmo ponto: domínio profundo dos pipelines técnicos, organização de sistemas e mentalidade de modularização.

O capítulo de consolidação não encerra apenas a parte técnica do livro. Ele mostra como transformar execução em estratégia. O profissional que entende, conecta e estende os pipelines aqui apresentados está preparado para arquitetar sistemas reais, sustentáveis e com impacto direto no negócio.

Mais do que somar etapas, integrar pipelines é projetar inteligência. Cada bloco técnico aqui é uma peça — a engenharia de dados começa quando você sabe como encaixar, automatizar, escalar e garantir que tudo funcione. Sem improviso, sem manualidades, sem planilhas soltas.

É essa a diferença entre executar scripts e construir sistemas. E agora, com os blocos na mão, você está pronto para construir.

CONCLUSÃO FINAL

A construção de pipelines de dados deixou de ser um diferencial para se tornar um pré-requisito em qualquer operação técnica, seja para análise, automação, integração ou sustentação de produtos digitais. O percurso apresentado neste livro parte dos fundamentos estruturais da engenharia de dados e evolui, capítulo a capítulo, até vinte modelos funcionais que cobrem desde as operações de ingestão até a orquestração distribuída. Este encerramento tem por objetivo consolidar os aprendizados, reforçar critérios de aplicação prática e sistematizar o raciocínio técnico necessário para operar, adaptar e evoluir os pipelines apresentados.

A Engenharia dos Pipelines: Visão Sistêmica

Um pipeline de dados não é um script isolado, mas uma engrenagem inserida em sistemas mais amplos, com dependências, requisitos de negócio, restrições técnicas e critérios rígidos de governança. A modularidade, a clareza de fluxo, a rastreabilidade e o controle de falhas são princípios que se impõem do início ao fim. Ao longo deste livro, a abordagem foi sempre direta, prática e didática, priorizando a aplicabilidade em ambientes profissionais. Cada pipeline apresentado cumpre papel estratégico na arquitetura de dados moderna:

- **Pipelines de ingestão** permitem que sistemas absorvam dados brutos de diferentes origens, como arquivos CSV, APIs REST e logs de aplicações, já na entrada aplicando filtros, validações e tratamentos necessários.

- **Pipelines de transformação e enriquecimento** cuidam de padronizar formatos, corrigir inconsistências, agregar valor semântico e adaptar estruturas para uso analítico.

- **Pipelines de persistência, exportação e entrega** garantem que o dado tratado chegue ao seu destino, seja um data warehouse, um dashboard de BI, um relatório automatizado ou uma API interna para integração com outros sistemas.

- **Pipelines de streaming e eventos** possibilitam reatividade, ingestão em tempo real, processamento de grandes volumes sob demanda e integração com arquiteturas distribuídas baseadas em eventos.

- **Pipelines de orquestração e automação** organizam a execução, gerenciam dependências, monitoram fluxos, tratam falhas e viabilizam o controle operacional sobre dezenas ou centenas de rotinas paralelas.

Essa separação, no entanto, não é estanque. Os capítulos mostraram, em detalhes, como cada bloco pode ser adaptado, conectado e expandido para criar fluxos cada vez mais robustos. Ao final, o profissional que compreende as unidades apresentadas é capaz de desenhar sistemas completos, auditáveis, escaláveis e alinhados às exigências reais do mercado.

Critérios Técnicos Consolidantes

O rigor técnico adotado neste livro não é apenas uma escolha estilística, mas um reflexo da maturidade exigida em operações profissionais. Todos os pipelines foram construídos com base em critérios objetivos:

- **Modularidade:** Separação clara de funções, com etapas independentes para ingestão, transformação, validação, persistência e entrega. Essa estrutura permite reaproveitamento, manutenção simplificada e expansão rápida.

- **Idempotência:** Todos os fluxos foram desenhados para serem repetíveis sem gerar efeitos colaterais, duplicações ou distorções em caso de reprocessamento, respeitando o princípio fundamental da confiabilidade operacional.

- **Logging e Rastreabilidade:** Cada pipeline gera logs estruturados, registra parâmetros, volumes processados, falhas e status de execução. Esses registros não são opcionais — são essenciais para auditoria, troubleshooting e melhoria contínua.

- **Validação Estrutural e Semântica:** Não se persiste dado sem validar obrigatoriedades, formatos, consistências e faixas aceitáveis. A validação explícita é a última barreira contra a contaminação dos sistemas por dados errados.

- **Segurança e Governança:** Uso de variáveis de ambiente para credenciais, controle de acesso restrito, versionamento de código e proteção contra exposição indevida de dados sensíveis foram tratados como padrões mínimos.

- **Documentação e Clareza:** Cada capítulo segue tópicos fixos, com explicação do objetivo, detalhamento das etapas, exposição de erros comuns, boas práticas e possíveis expansões. Não há espaço para lacunas ou improviso.

Aplicabilidade e Cenários Reais

Os vinte pipelines do livro não são modelos didáticos criados para simular situações genéricas, mas padrões validados para atender demandas reais e recorrentes do mercado. Entre as aplicações diretas destacam-se:

- Processos de ingestão rotineira de arquivos CSV para alimentar sistemas internos, mantendo controle de integridade e descartando registros corrompidos sem interromper a operação.

- Automatização de extração de dados via API REST, garantindo atualização contínua de bases externas sem intervenção manual, otimizando tempo e reduzindo erros.

- Transformação e enriquecimento de grandes volumes de dados com Pandas, preparando datasets para análises, relatórios gerenciais ou machine learning.

- Coleta e parsing incremental de logs para auditoria, observabilidade e detecção de padrões operacionais ou de segurança.

- Integração de dados geoespaciais, viabilizando operações avançadas de consulta, visualização e análise para aplicações de mobilidade, saúde, logística e urbanismo.

- Uniformização de schemas para facilitar migração de dados entre sistemas legados e modernos, bem como integração de múltiplas fontes em arquiteturas de data warehouse.

- Validação automática de regras de negócio, pré-condição para qualquer operação que dependa de precisão, como relatórios financeiros, compliance ou análise regulatória.

- Geração, formatação e distribuição automática de relatórios para áreas técnicas e de negócio, reduzindo dependência de processos manuais e otimizando a tomada de decisão.

- Entrega programada de datasets para dashboards de BI, assegurando atualização contínua para times de análise, planejamento ou acompanhamento de indicadores.

- Exposição de resultados processados via APIs internas, acelerando integração com outros sistemas, microserviços ou produtos digitais.

- Processamento de eventos em tempo real com Kafka, estruturando integrações reativas, monitoramento operacional e resposta automática a eventos críticos.

- Detecção e resposta a anomalias de forma contínua, com registro e alertas para investigação preventiva.

- Orquestração de rotinas com Airflow e Prefect, organizando execuções complexas, paralelizando fluxos e implementando controle centralizado sobre o ambiente de dados.

- Monitoramento, logging centralizado e versionamento de pipelines, habilitando auditoria plena, rollback e governança operacional.

Esses cenários se repetem em empresas de todos os portes, de startups a grandes corporações, em setores que vão de tecnologia e finanças até saúde, varejo e indústria. O domínio sobre os pipelines do livro permite operar com segurança em todos esses contextos.

Raciocínio de Engenharia: Mais que Execução

A proposta deste livro sempre foi ir além do ensino de comandos ou da replicação de exemplos. O objetivo principal é formar o raciocínio de engenharia — a capacidade de pensar em fluxos, entender responsabilidades, enxergar dependências, avaliar impactos e aplicar princípios sólidos de projeto em qualquer cenário.

A engenharia de dados moderna é construída sobre alguns pilares:

1. **Clareza Estrutural:** Divida para conquistar. Cada pipeline é formado por blocos funcionais previsíveis: entrada, processamento, validação, persistência, entrega,

automação. Isso reduz risco, facilita debugging, documenta responsabilidades e acelera onboarding de novos membros no time.

2. **Modularização:** Funções reutilizáveis, conectores intercambiáveis, scripts desacoplados. Modularizar é condição essencial para escalar com sustentabilidade e adaptar rapidamente a novas demandas.

3. **Controle de Fluxo:** Do uso de DAGs ao controle de dependências explícitas, pipelines exigem orquestração rigorosa, registro de status, manipulação de falhas e retomada segura de execuções.

4. **Rastreabilidade e Compliance:** Nenhuma execução sem log, nenhuma alteração sem versionamento, nenhum resultado sem rastreabilidade. São requisitos básicos para ambientes regulados e para quem precisa responder com precisão sobre o passado.

5. **Aplicação Direta:** O conteúdo apresentado não foi desenhado para ilustração, mas para ser funcional. Todos os modelos são replicáveis, adaptáveis e já estão em uso em ambientes reais. Não há espaço para abstração excessiva ou exemplos de laboratório.

Autonomia e Expansão

O ponto central do livro é a formação de autonomia técnica.

Não se espera que o leitor memorize fluxos, mas que compreenda a lógica, consiga adaptar para cenários próprios, expanda funcionalidades, resolva gargalos e antecipe problemas. Os tópicos de cada capítulo — objetivos, etapas, erros comuns, boas práticas, expansões — existem justamente para habilitar a personalização consciente dos modelos.

A estrutura adotada (Protocolo TECHWRITE 2.2-P) foi pensada para garantir previsibilidade, permitir consulta rápida e documentar cada bloco de decisão. Isso facilita tanto o aprendizado quanto a operação, servindo como manual técnico para implementação, troubleshooting e documentação institucional.

A evolução profissional do leitor se materializa quando os modelos aqui apresentados passam a ser base de projetos maiores: integração com modelos de machine learning, implantação de DataOps, construção de sistemas orientados a eventos, migração de arquiteturas legadas, ou mesmo composição de novas soluções inéditas.

Desafios Reais e Responsabilidade Técnica

Operar pipelines em produção é diferente de rodar scripts em notebooks isolados. Os desafios são diários: fontes instáveis, formatos inesperados, inconsistências silenciosas, picos de volume, limitações de infraestrutura, mudanças de esquema, requisitos de segurança, SLAs apertados, integrações heterogêneas. A responsabilidade do engenheiro de dados está em prever, monitorar e tratar essas situações sem comprometer a operação.

O rigor aplicado ao longo do livro — em especial na validação, logging, modularidade e orquestração — é o que diferencia fluxos amadores de pipelines de produção. Mais do que dominar ferramentas, o profissional precisa dominar princípios. O improviso não tem lugar em sistemas críticos.

Síntese Estratégica: O Próximo Passo

O livro termina com um arsenal de vinte pipelines prontos para uso, mas a jornada de engenharia está apenas começando. Os blocos apresentados funcionam como peças de um kit de construção: podem ser conectados, expandidos, ajustados e integrados conforme a maturidade dos sistemas, os objetivos do negócio e as demandas emergentes do ambiente digital.

O domínio técnico do conteúdo aqui apresentado habilita o leitor a:

• Construir e manter fluxos robustos, confiáveis e auditáveis;

• Adaptar modelos para diferentes stacks e plataformas;

• Automatizar rotinas manuais, acelerando entregas e reduzindo erros;

• Integrar múltiplos sistemas, promovendo interoperabilidade;

• Monitorar, versionar e auditar operações críticas de dados;

• Suportar escala, crescimento e evolução contínua dos ambientes de dados.

Nada substitui a prática. O diferencial está na execução

sistemática, na busca constante por melhoria e na capacidade de aprender com cada ajuste, cada erro, cada resultado obtido. Este livro não é um ponto de chegada, mas um ponto de partida para atuação técnica sólida, responsável e alinhada com as melhores práticas do mercado.

Agradecimento

Agradecemos a dedicação, o tempo investido e o compromisso com a busca por excelência técnica. Esperamos que esta obra contribua de forma direta para seu desenvolvimento profissional, amplie sua autonomia e fortaleça seu papel como engenheiro ou especialista em dados.

O material permanece como referência. Volte sempre que necessário, consulte, adapte, documente. O conhecimento só tem valor quando é colocado em movimento.

Cordialmente,

Diego Rodrigues & Equipe